WISSEN FÜR DIE PRAXIS

Weiterführend empfehlen wir:

Hans-Peter Wimmer, Matthias Wiehn
Dienstzeugnisse der Bundeswehr
ISBN 978-3-8029-6231-8

Andreas Gronimus, Eric Lingens, Thomas Dolpp
Disziplinarvorgesetzter und Beschwerdeführer
ISBN 978-3-8029-6302-5

Jan Wulf
Beurteilungssystem 2.0
ISBN 978-3-8029-6022-2

E-Mail: WALHALLA@WALHALLA.de
http://www.WALHALLA.de

Walhalla Fachverlag · Haus an der Eisernen Brücke · 93042 Regensburg
Telefon 0941 5684-0 · Telefax 0941 5684-111

WALHALLA

Mathias Klose

Das neue Soldatenentschädigungsgesetz

Ratgeber mit Musteranträgen, Beispielen und Praxistipps

Bibliografische Information der Deutschen Nationalbibliothek

Die Deutsche Nationalbibliothek verzeichnet diese Publikation in der Deutschen Nationalbibliografie; detaillierte bibliografische Daten sind im Internet über www.dnb.de abrufbar.

Zitiervorschlag:
Mathias Klose, Das neue Soldatenentschädigungsgesetz
Walhalla Fachverlag, Regensburg 2025

Hinweis: Unsere Werke sind stets bemüht, Sie nach bestem Wissen zu informieren. Alle Angaben in diesem Buch sind sorgfältig zusammengetragen und geprüft. Durch Neuerungen in der Gesetzgebung, Rechtsprechung sowie durch den Zeitablauf ergeben sich zwangsläufig Änderungen. Bitte haben Sie deshalb Verständnis dafür, dass wir für die Vollständigkeit und Richtigkeit des Inhalts keine Haftung übernehmen.
Bearbeitungsstand: Februar 2025

Produktion: Walhalla Fachverlag, 93042 Regensburg
Printed in Germany
ISBN 978-3-8029-6272-1

Schnellübersicht

Gesamtinhaltsübersicht

1. Einführung

1. Einführung

1

1.1 Warum ein Soldatenentschädigungsgesetz?

Das Soldatenentschädigungsgesetz (SEG) ist ab dem 1.1.2025 das zentrale Element der sozialen Absicherung für Soldatinnen und Soldaten der Bundeswehr. Es stellt sicher, dass diejenigen, die im Rahmen ihrer militärischen Pflichten gesundheitliche Schäden erleiden, angemessen entschädigt werden. Dabei spielt es keine Rolle, ob die Schäden während eines Auslandseinsatzes, einer Ausbildung oder im alltäglichen Dienstbetrieb entstanden sind. Neben den aktiven Soldatinnen und Soldaten profitieren auch Reservistendienst Leistende und deren Hinterbliebene von den Regelungen des SEG, sofern ein direkter Zusammenhang zwischen der Schädigung und dem Wehrdienst besteht.

Das Gesetz hat vor allem das Ziel, gesundheitliche und finanzielle Folgen eines Wehrdienstschadens für die Betroffenen abzumildern. Diese Schadensfälle können von körperlichen Verletzungen bis hin zu psychischen Beeinträchtigungen wie der Posttraumatischen Belastungsstörung (PTBS) reichen, die bei Soldatinnen und Soldaten insbesondere nach Kampfeinsätzen oder belastenden Missionen auftreten kann. Die wachsende Bedeutung psychischer Erkrankungen bei Soldaten ist ein wesentlicher Aspekt, der in den letzten Jahren verstärkt in den Fokus der sozialgerichtlichen Rechtsprechung und der Gesetzgebung gerückt ist.

1.2 Bedeutung des Soldatenentschädigungsgesetzes

Das SEG ist für Soldatinnen und Soldaten von enormer praktischer Bedeutung, da es ihre gesundheitliche und finanzielle Absicherung sicherstellt, wenn sie im Rahmen ihrer militärischen Pflichten Verletzungen oder Erkrankungen erleiden. Soldaten sind während ihres Dienstes besonderen Risiken ausgesetzt, die deutlich über das hinausgehen, was in zivilen Berufen üblich ist. Diese Risiken betreffen nicht nur physische Gefahren durch militärische Einsätze, sondern auch psychische Belastungen, die insbesondere durch Auslandseinsätze in Krisen- und Kriegsgebieten entstehen.

Ein Unfall oder eine schwere Erkrankung kann das Leben eines Soldaten drastisch verändern. Der Dienst in der Bundeswehr verlangt oft den Einsatz unter extremen Bedingungen: körperliche

Belastungen, Gefährdungen durch Waffengewalt oder auch psychische Belastungen durch traumatische Erlebnisse wie den Verlust von Kameradinnen und Kameraden oder die Teilnahme an Kampfhandlungen. Für Soldatinnen und Soldaten, die ihre Gesundheit im Dienst für das Land aufs Spiel setzen, stellt das SEG einen zentralen Schutzmechanismus dar. Es sorgt dafür, dass sie und ihre Familien im Schadensfall nicht allein gelassen werden und umfassende Unterstützung erhalten.

1.2.1 Gesundheitliche Risiken im Wehrdienst

Soldatinnen und Soldaten sehen sich während ihres Dienstes einer Vielzahl von potenziellen Gesundheitsrisiken ausgesetzt, die sich je nach Einsatzgebiet und Art der Tätigkeit stark unterscheiden können. Körperliche Verletzungen, die durch Unfälle oder Kampfhandlungen entstehen, sind die offensichtlichsten Gefahren. Diese können von leichten Verletzungen bis hin zu dauerhaften Behinderungen reichen. Doch auch psychische Schäden, die oft zunächst weniger sichtbar sind, spielen eine immer größere Rolle.

Das SEG gewährleistet, dass solche Gesundheitsschäden, die eindeutig im Zusammenhang mit dem Wehrdienst stehen, rechtlich und finanziell kompensiert werden. Dies betrifft nicht nur die Kosten der Heilbehandlung, sondern auch mögliche Entschädigungen bei dauerhaften Schäden und Einschränkungen der Erwerbsfähigkeit. Diese Regelungen sind besonders wichtig für Soldatinnen und Soldaten, die nach schweren Verletzungen oder Krankheiten nicht mehr in der Lage sind, ihren Beruf in der Bundeswehr oder im zivilen Leben auszuüben. Hier greifen die Renten- und Unterstützungsleistungen des SEG, um die langfristige finanzielle Existenz zu sichern.

In den letzten Jahrzehnten hat sich das Einsatzspektrum der Bundeswehr erheblich erweitert. Auslandseinsätze in Krisenregionen wie Afghanistan, Mali oder dem Kosovo stellen die Soldaten vor neue, komplexe Herausforderungen. Diese Einsätze bringen nicht nur hohe physische Gefährdungen mit sich, sondern auch eine immense psychische Belastung. Soldaten sind vor Ort häufig mit extremen und traumatischen Situationen konfrontiert, die langfristige seelische Schäden hervorrufen können. Die Behandlung und Anerkennung von psychischen Erkrankungen, insbesondere von PTBS, hat daher in den letzten Jahren stark an Bedeutung gewonnen.

Das SEG trägt diesen Entwicklungen Rechnung, indem es psychische Schäden ausdrücklich als Wehrdienstbeschädigungen anerkennt und entsprechende Entschädigungsleistungen vorsieht. Damit wird sichergestellt, dass nicht nur körperliche, sondern auch seelische Leiden umfassend versorgt werden, was in der Vergangenheit oftmals problematisch war. Dies ist ein wichtiger Fortschritt, da psychische Erkrankungen oft langfristige Therapien erfordern und die Betroffenen erheblich in ihrem täglichen Leben einschränken können.

1.2.2 Absicherung bei dauerhaften Schädigungen

Ein weiterer entscheidender Aspekt des SEG ist die Absicherung von Soldaten, die aufgrund ihrer Wehrdienstbeschädigung dauerhaft arbeitsunfähig werden oder schwere gesundheitliche Einschränkungen davontragen. In solchen Fällen stellt das Gesetz umfangreiche Entschädigungsleistungen zur Verfügung, die es den Betroffenen ermöglichen, trotz ihrer gesundheitlichen Einschränkungen ein würdiges Leben zu führen. Die finanziellen Entschädigungen reichen von Rentenleistungen über die Erstattung von Heil- und Pflegekosten bis hin zu speziellen Rehabilitationsangeboten.

1.2.3 Versorgungsleistungen für Hinterbliebene

Nicht nur die betroffenen Soldaten selbst, sondern auch ihre Familien stehen im Fokus des SEG. Im Falle einer Wehrdienstbeschädigung, die zum Tod der Soldatin oder des Soldaten führt, sichert das SEG die Versorgung der Hinterbliebenen. Für Ehepartner, Kinder und andere Angehörige gibt es spezielle Versorgungsleistungen, die sowohl den Verlust der Soldatin oder des Soldaten als auch den damit verbundenen Wegfall des Haupterwerbseinkommens ausgleichen sollen. Diese Leistungen umfassen unter anderem Renten für Witwen und Witwer und Waisen sowie einmalige Beihilfen.

Die Versorgung der Hinterbliebenen ist ein zentraler Bestandteil des SEG, da sie die Familien derjenigen absichert, die im Dienst für die Bundeswehr ihr Leben verloren haben. Sie stellt sicher, dass die wirtschaftliche Existenz der Familie nicht durch den Verlust der Soldatin oder des Soldaten gefährdet wird und bietet so eine wichtige soziale Absicherung.

1.2.4 Vereinfachung und Transparenz

Mit dem Inkrafttreten des SEG ab dem 1.1.2025 wird zudem eine klare Trennung zwischen der allgemeinen Versorgung von Soldatinnen und Soldaten und der speziellen Entschädigung für Wehrdienstbeschädigungen geschaffen. Dies führt zu einer deutlichen Vereinfachung der Rechtslage, da das neue Gesetz speziell auf die Entschädigung gesundheitlicher Schäden ausgerichtet ist. Die bessere Strukturierung der Regelungen wird es den Betroffenen erleichtern, ihre Ansprüche zu verstehen und durchzusetzen.

1.3 Entwicklung der Soldatenversorgung

Bis zum 31.12.2024 wurden die Entschädigungsansprüche von Soldatinnen und Soldaten, die durch ihre dienstliche Tätigkeit gesundheitliche Schäden erlitten haben, noch durch das Soldatenversorgungsgesetz (SVG) geregelt. Das SVG bildet seit vielen Jahren die Grundlage für die soziale Absicherung von Soldatinnen und Soldaten und Reservistendienst Leistenden, insbesondere im Fall von Wehrdienstbeschädigungen. Es gewährleistete bisher die Versorgung von Soldatinnen und Soldaten, die im Dienst verletzt wurden, sowie die Unterstützung ihrer Hinterbliebenen im Todesfall.

Am 1.1.2025 trat jedoch eine wichtige Gesetzesänderung in Kraft. Das SEG löste ab diesem Zeitpunkt das davor geltende SVG in Bezug auf die Entschädigung von Wehrdienstbeschädigungen ab und bietet spezifische Regelungen für die Entschädigung von Soldatinnen und Soldaten bieten. Diese Gesetzesänderung wurde eingeführt, um die Entschädigungssystematik zu modernisieren und klarer zu strukturieren, was sowohl für die Betroffenen als auch für die Verwaltungsstellen Erleichterungen mit sich bringen soll.

Der Übergang vom SVG zum SEG markiert einen wichtigen Schritt in der Weiterentwicklung des Versorgungsrechts für Soldatinnen und Soldaten. Das neue Gesetz soll eine klarere Trennung zwischen der allgemeinen Versorgung von Soldatinnen und Soldaten und der speziellen Entschädigung bei Wehrdienstbeschädigungen schaffen. Während das SVG bislang sowohl die allgemeine Versorgung als auch die Entschädigung für wehrdienstbedingte Gesundheitsschäden umfasste, legt das neue SEG den Fokus ausschließlich auf die Entschädigung für gesundheitliche Schäden, die aus der dienstlichen Tätigkeit resultieren.

Durch diese Spezialisierung soll eine noch bessere Berücksichtigung der besonderen Umstände des Wehrdienstes und der damit verbundenen Risiken erreicht werden.

1

1.4 Ziel des Ratgebers

Dieser Ratgeber verfolgt das Ziel, die wesentlichen Regelungen und Ansprüche des SEG verständlich und praxisnah zu erläutern. Für viele Betroffene kann es herausfordernd sein, sich im dichten Netz der rechtlichen Bestimmungen zurechtzufinden. Daher legt dieser Leitfaden besonderen Wert darauf, die gesetzlichen Regelungen in einfacher und zugänglicher Sprache darzustellen. Neben der Darstellung der Ansprüche nach dem Gesetz werden auch praktische Tipps gegeben, wie Betroffene ihre Rechte effektiv geltend machen können.

Der Ratgeber beginnt mit den Grundlagen des SEG, erklärt den Anwendungsbereich und geht anschließend auf die verschiedenen Ansprüche ein, die Soldatinnen und Soldaten im Falle einer Wehrdienstbeschädigung oder eines Unfalls haben. Darüber hinaus wird das Verfahren zur Geltendmachung der Ansprüche detailliert beschrieben – von der Antragstellung bis hin zu möglichen gerichtlichen Verfahren, sollte es zu Streitigkeiten kommen.

Mit diesem umfassenden Ratgeber sollen Soldatinnen und Soldaten sowie deren Angehörige die Sicherheit erlangen, ihre Rechte nach dem SEG zu verstehen und durchsetzen zu können. Auch für Fachleute, die sich mit dem SEG befassen – sei es in der Rechtsberatung oder in der medizinischen Betreuung von Soldatinnen und Soldaten – kann dieser Leitfaden eine wertvolle Unterstützung darstellen.

2. Anwendungsbereich

2. Anwendungsbereich

2.1 Rahmenbedingungen

Das SEG, das am 1.1.2025 in Kraft trat, regelt die Entschädigungsansprüche von Soldatinnen und Soldaten der Bundeswehr, die im Rahmen ihres Wehrdienstes gesundheitliche Schäden erleiden. Der Anwendungsbereich des Gesetzes ist klar umrissen: Es betrifft sowohl aktive Soldatinnen und Soldaten als auch Reservistendienst Leistende, die während ihrer Wehrdienstzeit oder einer wehrdienstlichen Übung Verletzungen oder Krankheiten erleiden. Auch Hinterbliebene von Soldatinnen und Soldaten, die im Dienst zu Tode gekommen sind, haben Anspruch auf bestimmte Versorgungsleistungen.

Das Gesetz legt fest, welche Personen anspruchsberechtigt sind, welche Arten von Schäden berücksichtigt werden und welche zeitlichen und sachlichen Voraussetzungen für eine Entschädigung erfüllt sein müssen. Eine genaue Kenntnis dieser Rahmenbedingungen ist essenziell, um Ansprüche nach dem SEG erfolgreich geltend zu machen.

2.2 Wer ist anspruchsberechtigt?

Anspruchsberechtigt nach dem SEG sind grundsätzlich alle aktiven Soldatinnen und Soldaten der Bundeswehr, unabhängig davon, ob sie sich im Inland oder im Auslandseinsatz befinden. Zudem gilt das Gesetz für Reservistendienst Leistende, die im Rahmen einer Wehrübung, eines Einsatzes oder einer anderen wehrdienstlichen Verpflichtung tätig sind. Dies schließt sowohl freiwillige Reservistendienste als auch dienstlich angeordnete Reservisteneinsätze ein.

Wichtig zu beachten ist, dass auch Soldatinnen und Soldaten, die während ihrer Wehrdienstzeit erkranken und bei denen ein Zusammenhang zwischen der Krankheit und dem Wehrdienst besteht, ebenfalls entschädigungsberechtigt sind. Dieser Zusammenhang kann sowohl physische als auch psychische Erkrankungen betreffen, wie beispielsweise Verletzungen durch Unfälle während der Dienstausübung.

Für ehemalige Soldatinnen und Soldaten, die nach dem Ausscheiden aus der Bundeswehr eine Wehrdienstbeschädigung geltend machen wollen, besteht ebenfalls die Möglichkeit, Ansprüche nach dem SEG zu erheben, sofern die gesundheitlichen Schäden nachweislich während des Wehrdienstes entstanden sind. Dies ist insbesondere bei Spätfolgen von gesundheitlichen Beeinträchtigungen von Bedeutung, die erst nach dem Dienstende sichtbar werden.

Darüber hinaus sind die Angehörigen und Hinterbliebenen von Soldatinnen und Soldaten anspruchsberechtigt, wenn der Tod der Soldatin oder des Soldaten durch eine wehrdienstbedingte Verletzung oder Erkrankung verursacht wurde. Angehörige sind die Ehegattin oder der Ehegatte einer Soldatin oder eines Soldaten, die Kinder einer Soldatin oder eines Soldaten, die Stiefkinder einer Soldatin oder eines Soldaten, die in den Haushalt aufgenommen worden sind, und die Pflegekinder einer Soldatin oder eines Soldaten. Hinterbliebene sind die Witwe oder der Witwer der geschädigten Person, die Waisen der geschädigten Person, die Stiefkinder, die in den Haushalt der geschädigten Person aufgenommen worden sind, die Pflegekinder der geschädigten Person, die Eltern der geschädigten Person, die Stiefeltern oder Pflegeeltern der geschädigten Person, wenn sie der geschädigten Person zum Zeitpunkt des Versterbens unentgeltlich Unterhalt geleistet haben und die Großeltern der geschädigten Person, wenn die verstorbene geschädigte Person ihnen Unterhalt geleistet hat oder hätte.

2.3 Welche Schäden sind erfasst?

Das SEG deckt eine Vielzahl von gesundheitlichen Beeinträchtigungen ab, die im Zusammenhang mit der Dienstausübung stehen. Die erfassten Schäden lassen sich in zwei Hauptkategorien unterteilen: körperliche und psychische Gesundheitsschäden.

Körperliche Schäden: Dazu zählen Verletzungen, die durch Unfälle oder gewaltsame Einwirkungen im Rahmen des Wehrdienstes entstehen. Typische Fälle sind Verletzungen durch Kampfhandlungen, Unfälle während militärischer Übungen oder in Auslandseinsätzen. Auch Erkrankungen, die durch die besonderen Bedingungen des Wehrdienstes ausgelöst werden, wie beispielsweise durch den Einsatz von Chemikalien oder Strahlenbelastungen, fallen in diesen Bereich.

Psychische Schäden: Immer häufiger spielen auch psychische Erkrankungen eine Rolle, die durch traumatische Erlebnisse während des Dienstes ausgelöst werden. Besonders Auslandseinsätze in Krisenregionen sind mit erheblichen psychischen Belastungen verbunden.

Erkrankungen wie PTBS, Angststörungen oder Depressionen, die auf dienstliche Erlebnisse zurückzuführen sind, werden ebenfalls als wehrdienstbedingte Schäden anerkannt. Diese Art der Schäden erfordert häufig eine intensive medizinische und psychologische Betreuung sowie eine langwierige Rehabilitation.

Neben der Unterscheidung nach körperlichen und psychischen Schäden bezieht sich das SEG auch auf langfristige Gesundheitsschäden und Spätfolgen, die erst nach dem Ende des Wehrdienstes auftreten. Dies betrifft beispielsweise Soldatinnen und Soldaten, die aufgrund von andauernden Belastungen im Einsatz erst Jahre später chronische Krankheiten oder andere gesundheitliche Probleme entwickeln. Hier ist der Nachweis des Zusammenhangs mit dem Wehrdienst eine wichtige Voraussetzung für eine Entschädigung.

2.4 Ab wann gilt das SEG?

Das SEG gilt grundsätzlich für alle Soldatinnen und Soldaten ab dem 1.1.2025, die während ihrer Wehrdienstzeit gesundheitliche Schäden erleiden. Für gesundheitliche Schäden, die vor dem 1.1.2025 entstanden sind, gelten weiterhin die Regelungen des SVG, das bis zu diesem Stichtag in Kraft bleibt.

Im Rahmen des SEG ist es zudem möglich, Ansprüche rückwirkend geltend zu machen, sofern der Schaden während der aktiven Dienstzeit eingetreten ist und der Zusammenhang mit dem Wehrdienst nachgewiesen werden kann. Dies ist besonders für Soldatinnen und Soldaten von Bedeutung, die nach ihrer Dienstzeit gesundheitliche Langzeitfolgen erleiden und deren Erkrankungen erst Jahre später diagnostiziert werden.

Auch für Reservistendienst Leistende, die im Rahmen ihrer Dienstpflichten verletzt oder erkrankt sind, gilt das SEG, wobei hier ebenfalls der Nachweis eines Zusammenhangs mit der Wehrübung oder dem Einsatz erforderlich ist.

2.5 Gesetzliche Grundlagen

Das SEG steht in engem Zusammenhang mit dem Sozialgesetzbuch (SGB) und anderen Gesetzen, die den Schutz und die Versorgung von Soldatinnen und Soldaten sicherstellen. Besonders relevant ist hier die Versorgungsmedizin-Verordnung (VersMedV) und das SGB VII, das die gesetzliche Unfallversicherung regelt und dessen

Grundsätze das SEG ergänzt und an die besonderen Bedingungen des Militärdienstes anpasst.

Das SGB VII regelt die Unfallversicherung in Deutschland, die vor allem für Arbeitnehmer in zivilen Berufen gilt. Es sichert ab, dass Personen, die durch ihre berufliche Tätigkeit einen Unfall erleiden oder eine Berufskrankheit entwickeln, entsprechende Leistungen erhalten. Dazu zählen unter anderem die Übernahme von Heilbehandlungen, Rentenleistungen bei geminderter Erwerbsfähigkeit und Rehabilitationsmaßnahmen.

Das SEG ergänzt diese allgemeinen Regelungen spezifisch für Soldatinnen und Soldaten. Da diese im Dienst besonderen Risiken und Gefährdungen ausgesetzt sind, bietet das SEG eine angepasste Absicherung, die diesen Anforderungen gerecht wird. Es regelt die Entschädigung bei Wehrdienstbeschädigungen und die Versorgung von Hinterbliebenen bei Todesfällen nach Wehrdienstbeschädigungen von Soldatinnen und Soldaten.

Während das SGB VII für zivile Arbeitsverhältnisse gilt, setzt das SEG gezielt dort an, wo der gesetzliche Unfallschutz nicht alle spezifischen Risiken des Militärdienstes abdecken kann. Dies betrifft insbesondere schwere körperliche und psychische Belastungen, Wehrdienstbeschädigungen und spezifische Leistungsansprüche.

Das SEG hat das Ziel, eine umfassende soziale Absicherung für Angehörige der Bundeswehr sicherzustellen, die über die Regelungen der allgemeinen Unfallversicherung hinausgeht. Es berücksichtigt die besonderen Anforderungen des Wehrdienstes und schafft einen Rahmen, der sowohl die individuellen Schädigungsfolgen als auch die allgemeine Versorgung der Betroffenen und ihrer Angehörigen abdeckt.

Durch die Ergänzung und Spezialisierung der allgemeinen Regeln des SGB VII sorgt das SEG dafür, dass die Leistungen zielgerichtet und bedarfsgerecht zur Verfügung stehen. Dabei folgt es dem Grundsatz der Gleichbehandlung, erkennt aber gleichzeitig die besonderen Risiken und Belastungen des Militärdienstes an und stellt eine differenzierte Versorgung sicher.

Die VersMedV vom 10.12.2008 regelt dagegen die medizinischen Grundsätze und Kriterien, die bei der ärztlichen Begutachtung anzuwenden sind sowie das dafür maßgebende Verfahren zur Feststellung des Grads der Schädigungsfolgen (GdS), dessen Vorliegen und Höhe für viele Entschädigungsleistungen maßgeblich ist.

3. Grundbegriffe

3. Grundbegriffe

3.1 Zentrale Begriffe

3

Das SEG verwendet eine Reihe von zentralen Begriffen, deren Verständnis entscheidend für die erfolgreiche Geltendmachung von Ansprüchen ist. Diese Begriffe definieren genau, welche Art von gesundheitlichen Schäden in welchem Kontext durch das Gesetz abgedeckt sind. In diesem Kapitel werden die wichtigsten Begriffe erläutert, die im Zusammenhang mit dem SEG eine Rolle spielen, und es wird dargestellt, wie sie im praktischen Sinne zu verstehen sind.

3.2 Wehrdienstbeschädigung

Die Wehrdienstbeschädigung umfasst im Wesentlichen primäre gesundheitliche Schäden – sowohl körperliche als auch psychische –, die aufgrund der Ausübung des Wehrdienstes entstehen.

Eine Wehrdienstbeschädigung muss durch ein schädigendes Ereignis, etwa durch einen plötzlichen Vorfall, wie einem Unfall oder einer Verletzung im Einsatz, entstehen, oder aber auch durch die langfristige Einwirkung wehrdienstlicher Belastungen. Gesundheitliche Beeinträchtigungen, die nicht sofort erkennbar sind, sondern sich erst über die Zeit manifestieren, wie z. B. psychische Erkrankungen, sind nicht der primäre gesundheitliche Schaden, sondern die Folge eines solchen und werden daher als Folgen einer Wehrdienstbeschädigung bezeichnet. Aber auch chronische Erkrankungen, die durch den Dienst hervorgerufen wurden, wie Rückenprobleme oder Hörschäden durch Lärmexposition, fallen unter den Begriff der Wehrdienstbeschädigung.

Nach dem SEG liegt eine Wehrdienstbeschädigung vor, wenn die primäre Gesundheitsstörung durch eines der folgenden schädigenden Ereignisse verursacht worden ist:

1. einen Unfall während der Ausübung des Wehrdienstes,
2. eine Wehrdienstverrichtung,
3. die dem Wehrdienst eigentümlichen Verhältnisse,

4. einen Angriff auf die Soldatin oder den Soldaten wegen des pflichtgemäßen dienstlichen Verhaltens oder wegen ihres oder seines Status als Soldatin oder Soldat,
5. gesundheitsschädigende Verhältnisse während der Verwendung im Ausland oder
6. einen Angriff auf die Soldatin oder den Soldaten bei Kriegshandlungen, Aufruhr oder Unruhen während der Verwendung im Ausland.

Als Unfälle während der Ausübung des Wehrdienstes gelten auch Unfälle, die die geschädigte Person erleidet

1. während einer Maßnahme zur medizinischen Versorgung, zur Teilhabe am Arbeitsleben und zur Sozialen Teilhabe,
2. während des Erscheinens auf Anordnung einer Behörde oder eines Gerichts wegen der Wehrdienstbeschädigung,
3. auf dem jeweils erforderlichen Hin- und Rückweg, oder
4. bei der Gewährung der unentgeltlichen truppenärztlichen Versorgung oder auf einem hierzu notwendigen Weg.

Beispiele für Wehrdienstbeschädigungen:

- Ein Soldat entwickelt nach einem Auslandseinsatz in einem Krisengebiet eine PTBS.
- Durch die jahrelange Belastung in der Ausbildung von schweren Waffen entwickelt ein Soldat einen chronischen Hörschaden.
- Ein Soldat erleidet im Einsatz eine schwere Verwundung, die dauerhafte Mobilitätseinschränkungen zur Folge hat.

Zum Wehrdienst gehören auch

1. Dienstreisen und die dienstliche Tätigkeit am Bestimmungsort,
2. die Teilnahme an dienstlichen Veranstaltungen,
3. Nebentätigkeiten im öffentlichen Dienst oder in dem ihm gleichstehenden Dienst, zu deren Übernahme die Soldatin oder der Soldat verpflichtet ist,
4. Nebentätigkeiten, deren Wahrnehmung von der Soldatin oder dem Soldaten im Zusammenhang mit den Dienstgeschäften erwartet wird, sofern die Soldatin oder der Soldat hierbei nicht in der gesetzlichen Unfallversicherung versichert ist, sowie

5. das Erscheinen zur Feststellung der Wehrdienstfähigkeit, zur Eignungsuntersuchung und Eignungsfeststellung oder im Rahmen der Dienstleistungs- oder Wehrüberwachung auf Anordnung einer zuständigen Dienststelle.

Als Wehrdienst gilt schließlich das Zurücklegen des mit dem Dienst zusammenhängenden Weges zu und von der Dienststelle. Hat die Soldatin oder der Soldat wegen der Entfernung ihrer oder seiner ständigen Familienwohnung vom Dienstort am Dienstort oder in dessen Nähe eine Unterkunft, so gilt dies auch für den Weg zwischen der Familienwohnung und der Dienststelle oder der Unterkunft am Dienstort.

Der Zusammenhang mit dem Dienst gilt als nicht unterbrochen, wenn die Soldatin oder der Soldat von dem unmittelbaren Weg zwischen der Wohnung und der Dienststelle in vertretbarem Umfang abweicht, um ein eigenes Kind, für das ihr oder ihm dem Grunde nach Kindergeld zusteht, wegen ihrer oder seiner eigenen Berufstätigkeit oder der Berufstätigkeit ihres oder seines Ehegatten in fremde Obhut zu geben oder aus fremder Obhut abzuholen oder weil sie oder er mit anderen berufstätigen oder in der gesetzlichen Unfallversicherung versicherten Personen gemeinsam ein Fahrzeug für den Weg zu und von der Dienststelle benutzt. Ebenfalls keine Unterbrechung des dienstlichen Zusammenhangs liegt vor, wenn die Soldatin oder der Soldat im Homeoffice, also in ihrer oder seiner Wohnung Dienst leistet und Wege zurücklegt, um ein eigenes Kind in fremde Obhut zu geben oder aus fremder Obhut abzuholen.

3.3 (Primäre und sekundäre) Gesundheitsstörung

Die Gesundheitsstörung ist der grundlegende Begriff, der alle körperlichen und psychischen Beeinträchtigungen umfasst, die durch den Wehrdienst entstanden sind. Ein Gesundheitsschaden ist die Grundvoraussetzung für die Gewährung von Leistungen nach dem SEG. Entscheidend ist, dass der Schaden nicht nur vorübergehend ist, sondern eine anhaltende oder dauerhafte Beeinträchtigung der Gesundheit verursacht. Hierzu zählen nicht nur offensichtliche physische Verletzungen, sondern auch unsichtbare, langfristige psychische Erkrankungen.

Zu unterscheiden ist zwischen primärer und sekundärer Gesundheitsstörung.

Primäre Gesundheitsstörungen sind solche, die nach dem aktuellen Stand der medizinischen Wissenschaft durch ein schädigendes Ereignis hervorgerufen werden können und zeitlich als erste auftreten.

Sekundäre Gesundheitsstörungen oder Schädigungsfolgen sind solche, die nach dem aktuellen Stand der medizinischen Wissenschaft aus der primären Gesundheitsstörung entstehen können.

Für die Anerkennung einer Gesundheitsstörung ist in der Regel ein medizinisches Gutachten erforderlich, das den Schaden dokumentiert und vor allem den Zusammenhang zwischen der wehrdienstlichen Tätigkeit und der gesundheitlichen Beeinträchtigung herstellt. Dies gilt insbesondere für psychische Erkrankungen, die häufig schwerer nachzuweisen sind als physische Verletzungen, erst recht in Bezug auf den Zusammenhang mit dem Wehrdienst.

Beispiele für Gesundheitsstörungen:

- Ein Soldat erleidet durch den Einsatz von schweren Maschinen zunächst rezidivierende Rückenschmerzen (primäre Gesundheitsstörung) und dann einen dauerhaften Bandscheibenschaden (sekundäre Gesundheitsstörung oder Schädigungsfolge).
- Durch einen Einsatz bei einer Schießübung ohne ausreichenden Gehörschutz entwickelt eine Soldatin zunächst einen Tinnitus und Kopfschmerzen (primäre Gesundheitsstörung) und dann eine dauerhafte Schwerhörigkeit (sekundäre Gesundheitsstörung oder Schädigungsfolge).
- Nach einem Überfall auf Kameraden während eines Auslandseinsatzes treten bei einem Soldaten zunächst Schlafstörungen, Albträume und anfallsartiges Herzrasen (primäre Gesundheitsstörung) auf, später entwickelt sich eine posttraumatische Belastungsstörung (sekundäre Gesundheitsstörung oder Schädigungsfolge).

Unter Umständen können primäre und sekundäre Schädigung aber auch zusammenfallen, was oftmals bei Unfällen der Fall ist:

- Ein Soldat nimmt am Dienstsport teil. Durch eine Überbeanspruchung des rechten Knies knickt er um und erleidet dadurch einen Kreuzbandriss (primäre und sekundäre Gesundheitsstörung sind identisch).

- Bei einer Explosion während eines Auslandseinsatzes verliert ein Soldat Daumen und Zeigefinger der rechten Hand (primäre und sekundäre Gesundheitsstörung sind identisch).

3.4 Hinterbliebenenversorgung

Die Hinterbliebenenversorgung ist ein wichtiger Bestandteil des SEG und kommt dann zum Tragen, wenn eine Soldatin oder ein Soldat infolge ihrer oder seiner Ausübung des Dienstes verstirbt. Die Hinterbliebenen – in der Regel der Ehepartner, eingetragene Lebenspartner oder die Kinder des Verstorbenen – haben in einem solchen Fall Anspruch auf finanzielle Unterstützung. Diese Versorgung soll den wirtschaftlichen Verlust, der durch den Tod der oder des Soldaten entstanden ist, zumindest teilweise ausgleichen.

Zu den Leistungen der Hinterbliebenenversorgung gehören unter anderem Witwen- und Waisenrenten sowie einmalige Beihilfen. Die Höhe dieser Leistungen richtet sich nach dem Grad der Wehrdienstbeschädigung der verstorbenen Soldatin oder des verstorbenen Soldaten und deren oder dessen bisherigem Einkommen. Auch die spezifischen Bedürfnisse der Hinterbliebenen, etwa im Falle von minderjährigen Kindern, werden bei der Berechnung der Leistungen berücksichtigt.

Beispiele für Leistungen der Hinterbliebenenversorgung:

- Eine Witwe erhält eine monatliche Rente, nachdem ihr Ehemann im Auslandseinsatz gefallen ist.
- Waisenkinder eines verstorbenen Soldaten erhalten bis zu einem bestimmten Alter finanzielle Unterstützung.
- Im Todesfall wird eine einmalige Beihilfe zur Deckung der Bestattungskosten ausgezahlt.

3.5 Heil- und Rehabilitationsmaßnahmen

Ein weiterer wichtiger Begriff im Zusammenhang mit dem SEG sind die Heil- und Rehabilitationsmaßnahmen, die die Soldatin oder den Soldaten bei der Wiederherstellung ihrer oder seiner Gesundheit unterstützen sollen. Soldatinnen und Soldaten, die eine Wehrdienstbeschädigung erleiden, haben Anspruch auf eine umfassende medizinische Behandlung, die sowohl ambulante als auch stationäre Maßnahmen umfassen kann. Dazu gehören Operationen, Therapien und Nachsorgebehandlungen, die notwendig sind, um den Zustand der Soldatin oder des Soldaten zu verbessern oder eine Verschlimmerung zu verhindern.

Rehabilitationsmaßnahmen zielen darauf ab, die Erwerbsfähigkeit der Soldatin oder des Soldaten soweit wie möglich wiederherzustellen oder ihn auf ein Leben mit einer bleibenden Beeinträchtigung vorzubereiten. Dazu gehören nicht nur physische Rehabilitationsprogramme, sondern auch psychologische Betreuung und berufliche Wiedereingliederungsmaßnahmen. Ein wichtiges Ziel der Rehabilitation ist es, den Soldatinnen und Soldaten eine Rückkehr in den Beruf – sei es innerhalb oder außerhalb der Bundeswehr – zu ermöglichen.

Beispiele für Heil- und Rehabilitationsmaßnahmen:

- Ein Soldat erhält nach einem schweren Unfall eine umfangreiche physiotherapeutische Behandlung, um seine Mobilität wiederherzustellen.
- Ein Soldat mit einer Angststörung nimmt an einer intensiven psychotherapeutischen Rehabilitationsmaßnahme teil, um seine psychischen Beschwerden zu behandeln.
- Ein Soldat, der aufgrund einer Wehrdienstbeschädigung seine bisherige Tätigkeit nicht mehr ausüben kann, wird in eine berufliche Rehabilitationsmaßnahme vermittelt.

3.6 Grad der Schädigungsfolgen (GdS)

Der Grad der Schädigungsfolgen (GdS) ist ein zentraler Begriff im SEG und beschreibt das Ausmaß der gesundheitlichen Beeinträchtigungen in körperlicher, geistiger und seelischer Hinsicht, die durch eine Wehrdienstbeschädigung verursacht wurden. Der GdS wird in Zehnergraden von 10 bis 100 bemessen und dient als Grundlage für die Feststellung, in welchem Umfang eine Soldatin oder ein Soldat durch die erlittene Schädigung in ihrer oder seiner Lebensführung eingeschränkt ist. Nach der Höhe des GdS richten sich insbesondere die finanziellen Ausgleichsleistungen. Ein Anspruch auf Festsetzung des GdS besteht ab GdS 25.

Der GdS setzt stets eine Regelwidrigkeit gegenüber dem für das Lebensalter typischen Zustand voraus. Physiologische Veränderungen im Alter sind bei der Beurteilung des GdS nicht zu berücksichtigen. Als solche Veränderungen sind die körperlichen und psychischen Leistungseinschränkungen anzusehen, die sich im Alter regelhaft entwickeln, d. h. für das Alter nach ihrer Art und ihrem Umfang typisch sind. Besonders im Zusammenhang mit orthopädischen Beschwerden ist dieser Aspekt oftmals problematisch und führt nicht selten zu Rechtsstreitigkeiten. Für den Betroffenen ist klar, dass die Beschwerden mit dem Wehrdienst in Zusammenhang stehen. Die Bundeswehr hingegen sieht lediglich alterstypische Verschleißerscheinungen. Der GdS setzt eine nicht nur vorübergehende und damit eine über einen Zeitraum von mehr als sechs Monaten sich erstreckende Gesundheitsstörung voraus. Gesundheitsstörungen, die erst in der Zukunft zu erwarten sind, sind nicht zu berücksichtigen.

Eine Orientierungshilfe für die Höhe des GdS liefert die „GdS Tabelle" der Anlage zu § 2 der VersMedV, die auch für das SEG anzuwenden ist.

4. Ansprüche für Soldatinnen und Soldaten

4. Ansprüche für Soldatinnen und Soldaten

4.1 Umfang der Ansprüche

Das SEG sichert Soldatinnen und Soldaten, die im Rahmen ihres Wehrdienstes gesundheitliche Schäden erlitten haben, umfassende Ansprüche auf Entschädigungsleistungen zu. Diese Ansprüche sollen die finanziellen und gesundheitlichen Folgen von Wehrdienstbeschädigungen abmildern und eine bestmögliche Versorgung der Betroffenen gewährleisten.

Eine geschädigte Person hat wegen der anerkannten Schädigungsfolge und deren wirtschaftlicher Folgen insbesondere Anspruch auf folgende Leistungen:

- Ausgleich für gesundheitliche Schädigungsfolgen,
- Leistungen der medizinischen Versorgung,
- Leistungen zur Teilhabe am Arbeitsleben,
- Leistungen zur Sozialen Teilhabe,
- Leistungen der Eingliederungshilfe und
- Leistungen des Erwerbsschadensausgleichs.

Hinterbliebene haben Anspruch auf folgende Leistungen:

- Ausgleichszahlungen,
- Leistungen zur Teilhabe am Arbeitsleben,
- Sterbegeld und
- Anspruch auf Erstattung von Kosten für psychotherapeutische Leistungen in besonderen Fällen.

4.2 Finanzieller Ausgleich für gesundheitliche Schädigungsfolgen

Das SEG sieht zwei zentrale Formen der finanziellen Entschädigung für Soldatinnen und Soldaten vor, die durch eine Wehrdienstbeschädigung gesundheitliche Schäden erlitten haben: monatliche Ausgleichszahlungen und eine einmalige Abfindungszahlung.

4.2.1 Laufende Zahlungen

Die monatlichen Leistungen sollen die dauerhaften gesundheitlichen und wirtschaftlichen Folgen der Schädigung ausgleichen.

Die Zahlungen sollen den Betroffenen einerseits eine Art Ausgleich und Genugtuung bieten, weil sie durch die gesundheitliche Schädigung ihre körperliche Unversehrtheit und damit Lebensfreude verloren haben. Sie wirken als symbolische Entschädigung für den erlittenen Schaden, der nicht direkt in Geld messbar ist. Die Zahlungen sollen andererseits die zusätzlichen Kosten und Mehraufwendungen ausgleichen, die durch die gesundheitliche Schädigung entstehen – Ausgaben, die ein gesunder Mensch nicht hätte, z. B. für medizinische Behandlungen oder besondere Hilfsmittel.

Geschädigte Personen erhalten einen Ausgleich für gesundheitliche Schädigungsfolgen als monatliche Zahlung in Höhe von

- 418 Euro bei einem GdS von 30 und 40,
- 837 Euro bei einem GdS von 50 und 60,
- 1.255 Euro bei einem GdS von 70 und 80,
- 1.673 Euro bei einem GdS von 90,
- 2.091 Euro bei einem GdS von 100.

Der Ausgleich erhöht sich für geschädigte Personen mit besonderer Belastung durch schwerste Schädigungsfolgen um 20 Prozent. Eine besondere Belastung durch schwerste Schädigungsfolgen liegt insbesondere dann vor, wenn in mindestens zwei Funktionssystemen eine Schädigungsfolge anerkannt ist, die bei Einzelbewertung bereits einen GdS von 100 und zusätzlich von mindestens 80 bedingt. Funktionssysteme in diesem Sinne sind:

- Gehirn einschließlich Psyche,
- Augen,
- Ohren,
- Atmung,
- Herz- Kreislauf-System,
- Verdauung,
- Harnorgane,
- Geschlechtsapparat,

- Haut,
- Blut einschließlich blutbildendes Gewebe und Immunsystem,
- innere Sekretion und Stoffwechsel,
- Arme,
- Beine und
- Rumpf.

4.2.2 Abfindung

Statt laufenden monatlichen Zahlungen kann auf Antrag eine Abfindung gezahlt werden, wenn die geschädigte Person das 18. Lebensjahr vollendet hat und nicht zu erwarten ist, dass innerhalb der nächsten fünf Jahre der Grad der Schädigungsfolgen wesentlich sinkt. Auf die Abfindung sind bereits geleistete monatliche Entschädigungszahlungen anzurechnen.

Die Zahlung der Abfindung erfolgt jeweils für fünf Jahre beginnend mit dem auf den Antrag folgenden Monat. Mit Zahlung der Abfindung sind die Ansprüche auf die monatlichen Entschädigungszahlungen für die Dauer von fünf Jahren abgegolten, d.h. es können keine weitergehenden Entschädigungszahlungen für diesen Zeitraum eingefordert werden.

Die Höhe der Abfindung beträgt das 60-Fache der monatlichen Entschädigungszahlung.

GdS	Monatliche Zahlung	Maximale Abfindung
30–40	418 Euro	25.080 Euro
50–60	837 Euro	50.220 Euro
70–80	1.255 Euro	75.300 Euro
90	1.673 Euro	100.380 Euro
100	2.091 Euro	125.460 Euro

4.2.3 Nichtanrechnung auf andere Leistungen

Ausgleichszahlungen werden nicht als Einkommen oder Vermögen auf andere Sozialleistungen oder auf Leistungen nach dem Asylbewerberleistungsgesetz (AsylbLG) angerechnet.

4.3 Krankengeld der Soldatenversorgung

Eine wichtige Versorgungsleistung ist das Krankengeld der Soldatenversorgung. Es ähnelt dem Krankengeld der gesetzlichen Krankenversicherung und soll das Entgelt ersetzen, das Soldatinnen und Soldaten durch Arbeitsunfähigkeit entgeht, die auf einer wehrdienstbedingten Schädigungsfolge beruht.

4.3.1 Berechtigte

Geschädigte Personen, die infolge der anerkannten Schädigungsfolge arbeitsunfähig sind, erhalten Krankengeld der Soldatenentschädigung. Arbeitsunfähigkeit liegt vor, wenn die geschädigte Person aufgrund der anerkannten Schädigungsfolge ihre zuletzt vor der Arbeitsunfähigkeit ausgeübte Erwerbstätigkeit nicht mehr oder nur unter der Gefahr der Verschlimmerung des Gesundheitszustands ausführen kann. Diese Definition der Arbeitsunfähigkeit richtet sich nach der Arbeitsunfähigkeits-Richtlinie des gemeinsamen Bundesausschusses, wie sie auch im Bereich der gesetzlichen Krankenversicherung gilt.

Frühere Soldatinnen und Soldaten, die nach der Beendigung des Wehrdienstverhältnisses infolge der anerkannten Schädigungsfolge arbeitsunfähig sind und vor Beginn des Wehrdienstverhältnisses keine Erwerbstätigkeit ausgeübt haben, gelten auch dann als arbeitsunfähig, wenn sie nicht oder nur mit der Gefahr einer Verschlimmerung des Gesundheitszustands fähig sind, einer Erwerbstätigkeit oder Berufsausbildung nachzugehen. Der Bezug von Arbeitsentgelt und Arbeitseinkommen schließt schon dem Wesen nach einen Krankengeldanspruch aus, da die Funktion des Krankengeldes als Entgeltersatzleistung dann nicht greift. Der Anspruch auf Krankengeld ruht, solange die geschädigte Person Mutterschaftsgeld, Arbeitslosengeld, Kurzarbeitergeld oder Elterngeld bezieht.

4.3.2 Arbeitsunfähigkeit

Als arbeitsunfähig gelten auch geschädigte Personen, die, ohne arbeitsunfähig zu sein, wegen einer Maßnahme der medizinischen Versorgung nach diesem Gesetz keine ganztägige Erwerbstätigkeit ausüben können.

Die Arbeitsunfähigkeit ist von der geschädigten Person nachzuweisen.

Das Krankengeld der Soldatenentschädigung wird auch gewährt, wenn die Arbeitsunfähigkeit während einer Maßnahme der medizinischen Versorgung oder einer Maßnahme der Teilhabeleistung am Arbeitsleben nach diesem Gesetz eintritt.

4.3.3 Beginn und Ende

Das Krankengeld der Soldatenentschädigung ist von dem Tag an zu erbringen, von dem an die vorgenannten Voraussetzungen gegeben sind. Es muss dabei innerhalb von zwei Wochen nach Eintritt der Arbeitsunfähigkeit oder nach Beginn einer Maßnahme der medizinischen Versorgung nach dem SEG oder nach Wegfall des Anspruchs auf Fortzahlung des Entgelts beantragt werden, ansonsten gilt der Tag des Antrags. Als Antrag gilt auch die Vorlage der ärztlichen Feststellung der Arbeitsunfähigkeit.

Das Krankengeld der Soldatenentschädigung endet mit dem letzten Tag der Arbeitsunfähigkeit oder wenn die geschädigte Person gesetzliche Rente wegen voller Erwerbsminderung oder Rente wegen Alters in voller Höhe bezieht, eine der Altersrente entsprechende oder der Altersversorgung dienende Leistung erhält, aufgrund eines Gesetzes, eines Tarifvertrags, einer Betriebsvereinbarung oder einer Vereinbarung mit dem Arbeitgeber von der Möglichkeit des vorzeitigen Übergangs in den Ruhestand unter Verzicht auf Erwerbseinkommen Gebrauch macht und deswegen ihre Erwerbstätigkeit aufgibt oder die Regelaltersgrenze der gesetzlichen Rentenversicherung erreicht hat.

Das Krankengeld der Soldatenentschädigung endet auch, wenn die medizinische Behandlung abgeschlossen ist und die betroffene Person eine zumutbare, verfügbare Arbeit aufnehmen könnte, und spätestens nach 78 Wochen seit Beginn der Arbeitsunfähigkeit, allerdings nicht vor dem Ende einer stationären Behandlung. Die 78-Wochen-Begrenzung entspricht der Höchstbezugsdauer in der gesetzlichen Krankenversicherung.

Ein Anspruch auf Krankengeld der Soldatenentschädigung besteht aber ausnahmsweise dann nicht, wenn unmittelbar vor der Arbeitsunfähigkeit Bürgergeld nach dem SGB II (früher: Hartz 4) bezogen wurde.

4.3.4 Höhe

Das Krankengeld der Soldatenentschädigung beträgt 80 Prozent des erzielten regelmäßigen Entgelts und darf das entgangene regelmäßige Nettoarbeitsentgelt (Regelentgelt) nicht übersteigen. Das Regelentgelt wird bis zur Höhe der jeweils geltenden Leistungsbemessungsgrenze, der Beitragsbemessungsgrenze in der gesetzlichen Rentenversicherung, berücksichtigt. Diese liegt im Jahr 2025 bei 8.050 Euro pro Monat.

Während des Krankengeldbezugs sind die Versorgungsberechtigten in der Arbeitslosen- und gesetzlichen Rentenversicherung versichert.

Das Krankengeld der Soldatenentschädigung wird ggf. um die Zahlbeträge einer Rente wegen teilweiser Erwerbsminderung oder Teilrente gemäß SGB VI und vergleichbarer Leistungen gekürzt, die von einem Träger oder einer staatlichen Stelle im Inland oder Ausland als Teilrente gezahlt werden.

4.4 Medizinische Versorgung

Alle Soldatinnen und Soldaten erhalten, wie schon bisher, während ihres Wehrdienstes kostenlose truppenärztliche Versorgung nach den Vorschriften des § 69a des Bundesbesoldungsgesetzes (BBesG) in Verbindung mit der Bundeswehr-Heilfürsorgeverordnung (BwHFV). Unabhängig davon, warum die medizinische Versorgung notwendig ist, bekommen sie alle Behandlungen, die zur Erhaltung, Wiederherstellung oder Verbesserung ihrer Gesundheit dienen. Zudem gibt es eine „Günstigkeitsregelung“, die es den Soldatinnen und Soldaten ermöglicht, für anerkannte wehrdienstbedingte Gesundheitsschäden auch Leistungen nach dem SEG zu erhalten, wenn das für sie vorteilhafter ist.

4.4.1 Sachleistungsprinzip

Nach dem Ausscheiden aus dem Wehrdienst erhalten Soldatinnen und Soldaten keine kostenlose truppenärztliche Versorgung mehr. Stattdessen erfolgt die medizinische und pflegerische Versorgung von anerkannten Schädigungsfolgen gemäß den Regelungen des SGB VII (gesetzliche Unfallversicherung) unter Berücksichtigung der Grundsätze des SGB IX (Rehabilitation und Teilhabe von Menschen mit Behinderungen) im Wege des Sachleistungsprinzips. Das bedeutet, dass ehemalige Soldatinnen und Soldaten nach ihrem Dienst wie zivile Versicherte behandelt werden und keine Heilfürsorge der Bundeswehr mehr erhalten. Ehemalige Soldatinnen und Soldaten erhalten also folgende Leistungen:

- ärztliche Behandlung,
- zahnärztliche Behandlung einschließlich der Versorgung mit Zahnersatz,
- Versorgung mit Arznei-, Verband-, Heil- und Hilfsmitteln,
- häusliche Krankenpflege,
- Behandlung in Krankenhäusern und Rehabilitationseinrichtungen,
- Leistungen zur Mobilität (Kraftfahrzeughilfe),
- Leistungen der Haushaltshilfe und Übernahme von Kinderbetreuungskosten,
- Reisekosten,
- Krankengeld und
- sonstige Leistungen zur Erreichung und Sicherstellung des Erfolges der Leistungen zur medizinischen Rehabilitation.

Solange Personen infolge der wehrdienstbezogenen gesundheitlichen Schädigung für die gewöhnlichen und regelmäßig wiederkehrenden Verrichtungen im Ablauf des täglichen Lebens in erheblichem Umfang der Hilfe durch andere bedürfen, wird Pflegegeld gezahlt, eine Pflegekraft gestellt oder Heimpflege erbracht. Für die Berechnung der Höhe des Pflegegeldes ist ein Mindestbetrag von 450 Euro und ein Höchstbetrag von 2.000 Euro zugrunde zu legen.

Im Bereich der Soldatenversorgung gilt im Grundsatz das Sachleistungsprinzip. Das bedeutet, der Versorgungsberechtigte erhält medizinische Leistungen, ohne selbst in Vorleistung treten zu müssen. Die Behandler rechnen nicht mit dem Versorgungsberechtigten ab, sondern mit dem Versorgungsträger.

4.4.2 Anspruch auf Kostenerstattung

In Ausnahmefällen besteht jedoch auch ein Anspruch auf Kostenerstattung, genauer auf die Erstattung der Kosten für selbstbeschaffte medizinische Leistungen. Dieser liegt in den folgenden Fällen vor:

Vor Anerkennung der Schädigungsfolge: Wenn eine Person vor der Anerkennung ihrer Schädigungsfolge notwendige medizinische

Leistungen selbst bezahlt hat, werden ihr die angemessenen Kosten nachträglich erstattet. Das gilt auch, wenn nach der Behandlung keine Schädigungsfolge mehr vorliegt. Die Erstattung orientiert sich an den Kosten, die angefallen wären, wenn die Leistung durch die gesetzliche Versorgung nach dem SEG erfolgt wäre.

Nach Anerkennung der Schädigungsfolge: Wenn die Schädigungsfolge bereits anerkannt ist und die Person notwendige medizinische Leistungen selbst beschafft, werden die tatsächlichen Kosten erstattet, wenn entweder die Leistung unaufschiebbar war und nicht rechtzeitig durch das reguläre System erbracht werden konnte oder die Leistung fälschlicherweise abgelehnt wurde. „Nicht rechtzeitig" meint in der Zeit, in der die Leistung medizinisch indiziert ist. Unaufschiebbar ist eine Leistung vor allem bei Notfällen, also wenn die Behandlung durch einen Versorgungsarzt nicht möglich oder nicht zumutbar und der Versorgungsberechtigte daher auf die Hilfe eines anderen Arztes angewiesen war. Allgemein ist eine Unaufschiebbarkeit zu bejahen, wenn aus medizinischer Sicht keine Möglichkeit eines nennenswerten Aufschubs mehr besteht.

Werden Kosten nach den vorgenannten Grundsätzen erstattet, besteht bei Vorliegen der sonstigen Voraussetzungen auch ein Anspruch auf Krankengeld der Soldatenentschädigung, wenn eine notwendige Maßnahme der medizinischen Versorgung dazu geführt hat, dass die geschädigte Person an der Ausübung einer Erwerbstätigkeit gehindert war.

Weiterhin besteht ein Kostenerstattungsanspruch im Falle eines Auslandsaufenthalts und in bestimmten Fällen einer Auslandsbehandlung. So werden geschädigten Personen bei einem vorübergehenden Aufenthalt im Ausland die Kosten einer im Ausland notwendigen medizinischen Versorgung der anerkannten Schädigungsfolge erstattet. Der Anspruch auf Erstattung besteht bis zur Höhe der Vergütung, die der Leistungsträger bei Erbringung als Sachleistung im Inland zu tragen hätte.

Abweichend von dem oben dargestellten Grundsatz, dass die Kosten (nur) bis zur Höhe der Vergütung erstattet werden, die der Leistungsträger bei Erbringung als Sachleistung im Inland zu tragen hätte, können sie bis zur Höhe der tatsächlich entstandenen Kosten erstattet werden, wenn eine dem allgemein anerkannten Stand der medizinischen Erkenntnisse entsprechende Behandlung im Inland nicht möglich ist oder ein unaufschiebbarer Behandlungsbedarf bestand.

Im Falle der Behandlung bei einem vorübergehenden Auslandsaufenthalt oder einer gezielten Behandlung im Ausland können weitergehende Kosten erstattet werden. Die Bundeswehrverwaltung hat insoweit jedoch ein Ermessen, ob sie zusätzliche Kosten einer Auslandsbehandlung übernimmt, die im Zusammenhang mit der medizinischen Versorgung entstehen. Dazu zählen unter anderem Reise-, Unterbringungs- und Telefonkosten der betroffenen Person. Falls eine Begleitperson aus medizinischen Gründen für den Behandlungserfolg notwendig ist, können auch deren Reisekosten übernommen werden. Krankentransportkosten können in Ausnahmefällen bei medizinischer Notwendigkeit erstattet werden.

4.5 Leistungen zur Teilhabe am Arbeitsleben (LTA)

Leistungen zur Teilhabe am Arbeitsleben werden ohne Berücksichtigung von Einkommen und Vermögen auf Antrag hin erbracht, wenn die versorgungsberechtigte Person die Teilhabeleistungen aufgrund der anerkannten Schädigungsfolge benötigt, um die Erwerbsfähigkeit entsprechend ihrer Leistungsfähigkeit zu erhalten, wiederherzustellen oder zu verbessern und damit die aktive Teilhabe am Arbeitsleben zu sichern. Die LTA orientieren sich an den allgemeinen Regelungen des SGB IX. Damit bleibt der Umfang der Leistungen im neuen Gesetz unverändert im Vergleich zur bisherigen Regelung des Bundesversorgungsgesetzes (BVG). Das gesamte Spektrum der beruflichen Rehabilitationsmaßnahmen bleibt somit für Soldatinnen und Soldaten erhalten.

4.5.1 Leistungen

Die LTA sollen einzelfallbezogen und bedarfsgerecht erbracht werden, um die Teilhabe für jede geschädigte Person zu gewährleisten. Sie umfassen insbesondere

- Hilfen zur Erhaltung und Erlangung eines Arbeitsplatzes einschließlich Leistungen zur Aktivierung und beruflichen Eingliederung,
- eine Berufsvorbereitung,
- die individuelle betriebliche Qualifizierung im Rahmen unterstützter Beschäftigung,
- die berufliche Ausbildung, berufliche Anpassung und Weiterbildung sowie

- die Förderung der Aufnahme einer selbständigen Tätigkeit und sonstige Hilfen zur Förderung der Teilhabe am Arbeitsleben.

Die vorstehende Aufzählung ist nur beispielhaft und nicht abschließend. Auch andere LTA können erbracht werden. Bei der Auswahl der Leistungen werden Eignung, Neigung, bisherige Tätigkeit sowie Lage und Entwicklung auf dem Arbeitsmarkt angemessen berücksichtigt.

4.5.2 Übergangsgeld

Die LTA bei geschädigten Personen, die sich nicht im Wehrdienstverhältnis befinden, werden durch das Übergangsgeld als unterhaltssichernde Leistung ergänzt.

Die Höhe des Übergangsgeldes errechnet sich wie die Höhe des Krankengeldes der Soldatenentschädigung und beträgt 80 Prozent des erzielten regelmäßigen Entgelts und darf das entgangene regelmäßige Nettoarbeitsentgelt (Regelentgelt) nicht übersteigen. Das Regelentgelt wird bis zur Höhe der jeweils geltenden Leistungsbemessungsgrenze, der Beitragsbemessungsgrenze in der gesetzlichen Rentenversicherung, berücksichtigt. Diese liegt im Jahr 2025 bei 8.050 Euro pro Monat.

Die Berechnung des Übergangsgeldes nach den für das Krankengeld geltenden Vorschriften ist eine Neuerung des SEG und verbessert die Versorgungssituation deutlich, da das Übergangsgeld nun höher ausfällt als nach alter Rechtslage. Sowohl Übergangs- als auch Krankengeld dienen als Lohnersatz, wenn die betroffene Person aufgrund einer Schädigungsfolge entweder arbeitsunfähig ist oder an einer beruflichen Rehabilitationsmaßnahme teilnimmt und deshalb kein eigenes Einkommen erzielen kann. Ziel ist es, die Lebensgrundlage der geschädigten Person zu sichern. Die Erhöhung des Übergangsgeldes soll einen Anreiz schaffen, an Rehabilitationsmaßnahmen teilzunehmen, um beruflich wiedereingegliedert zu werden.

Wie beim Krankengeld der Soldatenentschädigung sollen für die Dauer des Bezugs des Übergangsgeldes Nachteile in der Altersvorsorge vermieden werden. Grundsätzlich sind daher Personen für die Dauer des Bezugs von Übergangsgeld bei Teilnahme an Maßnahmen der beruflichen Rehabilitation der gesetzlichen Rentenversicherung versichert.

Diese Regelung gilt sowohl für aktive als auch für ausgeschiedene Soldatinnen und Soldaten, da der Bedarf unabhängig davon besteht, nach welchem Gesetz die Teilhabeleistung gewährt wird. Ergänzende Leistungen umfassen Mobilitätshilfen, Wohnungshilfe, Reisekosten, Verdienstausfall, Haushaltshilfe und Kinderbetreuungskosten. Allerdings besteht kein Anspruch, wenn diese Leistungen bereits auf anderem Wege abgedeckt sind. Während des Wehrdienstes werden diese Leistungen grundsätzlich von der Bundeswehrverwaltung erbracht.

4.6 Leistungen zur Sozialen Teilhabe

Diese Leistungen können für alle geschädigten Personen erbracht werden, wenn sie notwendig sind. Leistungen im Rahmen der medizinischen Versorgung oder Leistungen im Zusammenhang mit einer Maßnahme zur Teilhabe am Arbeitsleben werden vorrangig gewährt.

Leistungen zur Sozialen Teilhabe sind insbesondere Leistungen zur Mobilität und Leistungen der Wohnungshilfe. Ergänzende Leistungen sind insbesondere Reisekosten, etwa zum Rehasport oder zu Selbsthilfegruppen und Leistungen der Haushaltshilfe oder Übernahme der Kinderbetreuungskosten.

4.6.1 Leistungen der Eingliederungshilfe

Geschädigten Personen können Leistungen der Eingliederungshilfe gewährt werden, soweit diese aufgrund der anerkannten Schädigungsfolgen notwendig werden. Auch diese Leistungen werden ohne Anrechnung des Einkommens oder des Vermögens gewährt, um so der besonderen Verantwortung für den von der Teilhabebeeinträchtigung betroffenen Personenkreis gerecht zu werden.

Aufgabe der Eingliederungshilfe ist es, Leistungsberechtigten eine individuelle Lebensführung zu ermöglichen, die der Würde des Menschen entspricht, und die volle, wirksame und gleichberechtigte Teilhabe am Leben in der Gesellschaft zu fördern. Die Leistung soll sie befähigen, ihre Lebensplanung und -führung möglichst selbstbestimmt und eigenverantwortlich wahrnehmen zu können. Notwendig werden die Leistungen der Eingliederungshilfe, wenn und solange nach der Besonderheit des Einzelfalles die Aussicht besteht, dass Soldatinnen und Soldaten durch die Eingliederungshilfe eine individuelle Lebensführung ermöglicht wird, die der Würde des

Menschen entspricht, und die volle, wirksame und gleichberechtigte Teilhabe am Leben in der Gesellschaft gewährleistet.

Die Leistungen der Eingliederungshilfe bestimmen sich nach der Besonderheit des Einzelfalls, insbesondere nach der Art des Bedarfs, den persönlichen Verhältnissen, dem Sozialraum, den eigenen Kräften und der Wohnsituation. Sie werden so lange geleistet, wie die Teilhabeziele erreichbar sind. Wünschen der Leistungsberechtigten, die sich auf die Gestaltung der Leistung richten, ist zu entsprechen, soweit sie angemessen sind. Die Leistungen der Eingliederungshilfe werden als Sach-, Geld- oder Dienstleistung erbracht.

Zur Dienstleistung gehören insbesondere die Beratung und Unterstützung in Angelegenheiten der Leistungen der Eingliederungshilfe sowie in sonstigen sozialen Angelegenheiten. Zur Erfüllung der Aufgaben dieses Teils werden die Leistungsberechtigten, auf ihren Wunsch auch im Beisein einer Person ihres Vertrauens, vom Träger der Eingliederungshilfe beraten und, soweit erforderlich, unterstützt. Die Beratung umfasst insbesondere

- die persönliche Situation des Leistungsberechtigten, den Bedarf, die eigenen Kräfte und Mittel sowie die mögliche Stärkung der Selbsthilfe zur Teilhabe am Leben in der Gemeinschaft einschließlich eines gesellschaftlichen Engagements,
- die Leistungen der Eingliederungshilfe einschließlich des Zugangs zum Leistungssystem,
- die Leistungen anderer Leistungsträger,
- die Verwaltungsabläufe,
- Hinweise auf Leistungsanbieter und andere Hilfemöglichkeiten im Sozialraum und auf Möglichkeiten zur Leistungserbringung sowie
- Hinweise auf andere Beratungsangebote im Sozialraum.

Die Unterstützung umfasst insbesondere

- Hilfe bei der Antragstellung,
- Hilfe bei der Klärung weiterer zuständiger Leistungsträger,
- das Hinwirken auf zeitnahe Entscheidungen und Leistungen der anderen Leistungsträger,
- Hilfe bei der Erfüllung von Mitwirkungspflichten,
- Hilfe bei der Inanspruchnahme von Leistungen,

- die Vorbereitung von Möglichkeiten der Teilhabe am Leben in der Gemeinschaft einschließlich des gesellschaftlichen Engagements,
- die Vorbereitung von Kontakten und Begleitung zu Leistungsanbietern und anderen Hilfemöglichkeiten,
- Hilfe bei der Entscheidung über Leistungserbringer sowie bei der Aushandlung und dem Abschluss von Verträgen mit Leistungserbringern sowie
- Hilfe bei der Erfüllung von Verpflichtungen aus der Zielvereinbarung und dem Bewilligungsbescheid.

4.6.2 Leistungen zur Überwindung besonderer sozialer Schwierigkeiten

Geschädigte Personen, bei denen aufgrund der anerkannten Schädigungsfolge eine besondere Lebenslage vorliegt, die mit sozialen Schwierigkeiten verbunden ist, können Leistungen zur Überwindung dieser Schwierigkeiten erhalten, wenn sie aus eigener Kraft hierzu nicht fähig sind. Bei den Leistungen zur Überwindung besonderer sozialer Schwierigkeiten handelt es sich um einen Auffangtatbestand. Die Regelung zu den Leistungen zur Überwindung besonderer sozialer Schwierigkeiten entspricht im Wesentlichen der schon im BVG enthaltenen Regelungen.

Die Leistungen umfassen alle Maßnahmen, die notwendig sind, um die Schwierigkeiten abzuwenden, zu beseitigen, zu mildern oder ihre Verschlimmerung zu verhüten, insbesondere

- Beratung und persönliche Betreuung,
- Hilfen zur Ausbildung,
- niederschwellige Assistenzleistungen,
- besondere Hilfsmittel,
- Familienhelfer bei psychischen Erkrankungen,
- Erlangung und Sicherung eines Arbeitsplatzes sowie
- Maßnahmen bei der Erhaltung und Beschaffung einer Wohnung.

4.6.3 Leistungen in sonstigen Lebenslagen

Leistungen können schließlich zur Deckung des schädigungsbedingten Bedarfs auch in sonstigen Lebenslagen erbracht werden, wenn sie den Einsatz öffentlicher Mittel unter Berücksichtigung der Ziele dieses Gesetzes rechtfertigen.

Die Leistungen in sonstigen Lebenslagen ermöglichen es, auf neu auftretende Notlagen in „sonstigen Lebenslagen" zu reagieren, indem im neuen Soldatenversorgungsrecht eine Möglichkeit für neuartige Leistungen geschaffen wurde. Diese Regelung deckt atypische Bedarfe, die durch andere Leistungen nicht abgedeckt sind. Dazu gehören z. B. Kosten für eine Wohnung oder einen Wohnungswechsel, einschließlich Einrichtungsgegenstände, sowie Aufwendungen für den Besuch von Selbsthilfegruppen.

4.7 Erwerbsschadensausgleich

Einer der wichtigsten Versorgungsansprüche ist der Anspruch auf Erwerbsschadensausgleich. Die Vorschriften zum Erwerbsschadensausgleich regeln den Ausgleich von Verdienstausfällen, die durch anerkannte Folgen einer wehrdienstbedingten gesundheitlichen Schädigung verursacht wurden. Dabei wurde das bisher im BVG verankerte Konzept des – sehr komplexen und nur schwer verständlichen – Berufsschadensausgleichs weiterentwickelt und vereinfacht. Ziel der Neukonzeption ist es, die Komplexität der bisherigen Regelungen zu reduzieren, die Anwendung zu vereinfachen und die Transparenz bei der Entscheidungsfindung zu erhöhen.

4.7.1 Voraussetzungen

Hat die geschädigte Person, die sich nicht in einem Wehrdienstverhältnis befindet, einen Erwerbsschaden infolge der anerkannten Schädigungsfolge, erhält sie einen monatlichen Erwerbsschadensausgleich, wenn ein GdS von mindestens 30 anerkannt worden ist und Leistungen zur medizinischen Rehabilitation oder zur Teilhabe am Arbeitsleben nicht erfolgversprechend sind oder ihr nicht zugemutet werden können.

Der Erwerbsschadensausgleich wird also nur dann gewährt, wenn ein schädigungsbedingter Einkommensverlust vorliegt. Dieser Ausgleich kompensiert den Verlust des Einkommens auf der Basis pauschalierter Ansätze. Ein zentraler Grundsatz ist dabei „Reha vor

Rente", wie er allgemein im Sozialrecht gilt, d. h., eine Rente oder ein Ausgleich wird erst gezahlt, wenn Rehabilitationsmaßnahmen nicht mehr helfen können. Nach Anerkennung der Schädigungsfolge steht zunächst die Wiederherstellung der Gesundheit im Vordergrund, um die Teilhabe am Arbeitsleben und am gesellschaftlichen Leben zu ermöglichen. Die geschädigte Person ist verpflichtet, an zumutbaren Rehabilitationsmaßnahmen mitzuwirken, um den Schaden zu mindern. Wenn eine erfolgreiche Rehabilitation möglich erscheint, wird der Anspruch auf Erwerbsschadensausgleich aufgeschoben, bis die Rehabilitation entweder erfolgreich abgeschlossen oder gescheitert ist.

4.7.2 Höhe

Der Erwerbsschaden wird durch die Differenz zwischen dem hypothetischen Einkommen, das die geschädigte Person ohne die Schädigung wahrscheinlich verdient hätte, und dem tatsächlich erzielten Einkommen berechnet.

Das hypothetische Einkommen wird pauschal ermittelt und ist der Höhe nach begrenzt. Wichtig ist, dass der Einkommensverlust schädigungsbedingt sein muss. Änderungen des Gesundheitszustands oder berufliche Veränderungen, die nicht durch die anerkannte Schädigung verursacht wurden, werden bei der Berechnung des Einkommensverlustes nicht berücksichtigt.

Derzeitiges Einkommen sind Arbeitsentgelte bei Arbeitnehmern, Arbeitseinkommen bei Selbständigen, Erwerbsersatzeinkommen (z. B. Krankengeld, Verletztengeld, Mutterschaftsgeld, Arbeitslosengeld, Kurzarbeitergeld, Renten wegen Alters oder verminderter Erwerbsfähigkeit, Verletztenrente, Ruhegehalt) und vergleichbare Bezüge aus einem öffentlich-rechtlichen Dienst- oder Amtsverhältnis sowie der Berufsschadensausgleich nach dem SGB IX. Maßgeblich sind die Nettobeträge.

Eine durch schädigungsunabhängige Einwirkungen, Ereignisse oder Verfügungen, insbesondere durch das Hinzutreten von schädigungsunabhängigen Gesundheitsstörungen, bewirkte Minderung des derzeitigen Einkommens bleibt bei der Berechnung des Erwerbsschadensausgleichs unberücksichtigt.

Das Referenzeinkommen orientiert sich an der Berufsschadensausgleichsverordnung und verwendet das beamtenrechtliche Besoldungssystem zur Festsetzung des Referenzeinkommens. Dieses System hat den Vorteil, dass es keine Differenzierung vornimmt und ein pauschaliertes Lohngefüge bietet. Selbständige und Unselbständige werden gleichbehandelt. Das Referenzeinkommen basiert auf dem Schul- oder Berufsabschluss der geschädigten Person, ähnlich wie im Beamtenlaufbahnsystem (einfacher, mittlerer, gehobener und höherer Dienst). Es spiegelt den tatsächlichen Status quo wider, ohne auf subjektive Prognosen angewiesen zu sein. Aufstiegschancen sind bereits durch die Bemessung an der jeweils höchsten Stufe berücksichtigt. Die festgelegten Beträge sind Nettobeträge. Die Zuordnung des monatlichen Referenzeinkommens zu der geschädigten Person erfolgt anhand der Verhältnisse vor der erstmaligen Auswirkung der Schädigungsfolgen.

Das monatliche Referenzeinkommen beträgt bei einer geschädigten Person

- ohne abgeschlossene Schulausbildung 2.218 Euro (entspricht Grundgehalt der Stufe 8 der Besoldungsgruppe A 4 nach der Anlage IV zum BBesG),
- ohne abgeschlossene Berufsausbildung 2.294 Euro (entspricht Grundgehalt der Stufe 8 der Besoldungsgruppe A 5 nach der Anlage IV zum BBesG),
- mit abgeschlossener Berufsausbildung 2.614 Euro (entspricht Grundgehalt der Stufe 8 der Besoldungsgruppe A 6 nach der Anlage IV zum BBesG),
- mit Techniker- oder Meisterprüfung 3.065 Euro (entspricht Grundgehalt der Stufe 8 der Besoldungsgruppe A 7 nach der Anlage IV zum BBesG),
- mit einem Bachelor- oder vergleichbaren Hochschulabschluss 3.830 Euro (entspricht Grundgehalt der Stufe 8 der Besoldungsgruppe A 8 nach der Anlage IV zum BBesG) und
- mit einem Master- oder vergleichbaren Hochschulabschluss 5.089 Euro (entspricht Grundgehalt der Stufe 8 der Besoldungsgruppe A 9 nach der Anlage IV zum BBesG).

Beispiele:

Realschulabschluss, Berufsausbildung abgeschlossen
Referenzeinkommen: 2.614 Euro
tatsächliches Einkommen: 1.200 Euro
Berechnung: 2.614 Euro – 1.200 Euro = 1.414 Euro Erwerbsschadensausgleich pro Monat

Allgemeine Hochschulreife (Abitur), vor Universitätsabschluss
Referenzeinkommen: 2.294 Euro
tatsächliches Einkommen: 800 Euro
Berechnung: 2.294 Euro – 800 Euro = 1.494 Euro Erwerbsschadensausgleich pro Monat

Hat eine geschädigte Person in dem Beruf, den sie vor der Auswirkung der Schädigungsfolge ausgeübt hat, ein höheres Einkommen als das festgelegte Referenzeinkommen erzielt, ist als Referenzeinkommen das vor der Auswirkung der Schädigungsfolge in den letzten zwölf Monaten oder, wenn dies günstiger ist, in den letzten 36 Monaten vor der Auswirkung der Schädigungsfolgen regelmäßig erzielte Einkommen, höchstens jedoch 6.402 Euro netto, zugrunde zu legen. Auf diese Weise wird die an sich vorgenommene Pauschalierung durchbrochen und ein angemessener Ausgleich für Einkommensverluste auch bei geschädigten Personen sichergestellt, deren beruflicher Erfolg ggfls. nicht auf einem bestimmten Abschluss begründet ist.

Wirkt sich die anerkannte Schädigungsfolge vor dem Abschluss einer Berufs- oder Hochschulausbildung auf die Fähigkeit aus, eine solche zu absolvieren, wird das Referenzeinkommen wie folgt festgesetzt:

- bei geschädigten Personen, die über das Zeugnis der Hauptschule, den qualifizierenden Hauptschulabschluss oder über einen als gleichwertig anerkannten Bildungsstand verfügen, zunächst 2.294 Euro, nach Ablauf von drei Jahren 2.614 Euro.
- bei geschädigten Personen, die über das Zeugnis der Realschule oder über einen als gleichwertig anerkannten Bildungsstand verfügen, zunächst 2.294 Euro, nach Ablauf von drei Jahren 2.614 Euro und nach Ablauf von weiteren sechs Jahren 3.065 Euro und
- bei geschädigten Personen, die über das Zeugnis der allgemeinen Hochschulreife, der fachgebundenen Hochschulreife, der

Fachhochschulreife oder über einen als gleichwertig anerkannten Bildungsstand verfügen, zunächst 2.294 Euro, nach Ablauf von drei Jahren 3.065 Euro und nach Ablauf von weiteren sechs Jahren 3.830 Euro.

Das Referenzeinkommen wird also, wenn die anerkannte Schädigungsfolge sich vor dem Abschluss einer Berufs- oder Hochschulausbildung auf die Fähigkeit auswirkt, eine solche zu absolvieren, ähnlich wie in der Verordnung über die Laufbahnen der Soldatinnen und Soldaten, unter Berücksichtigung der schulischen Bildung, schrittweise erhöht. Damit wird angenommen, dass die geschädigte Person ohne die Schädigung eine ihrer Schulbildung entsprechende Berufs- oder Hochschulausbildung absolviert und darauf aufbauend ihr Einkommen gesteigert hätte.

Alternativ ist aber auch die oben dargestellte herkömmliche Ermittlung des Referenzeinkommens möglich.

4.7.3 Dauer

Der Anspruch auf Erwerbsschadensausgleich endet mit Ablauf des Kalendermonats, der dem Kalendermonat vorausgeht, ab dem die geschädigte Person eine Altersrente oder eine ähnliche Altersversorgungsleistung bezieht, weil ab diesem Zeitpunkt keine Erwerbstätigkeit mehr besteht. Da für den Erwerbsschadensausgleich Beiträge zur Alterssicherung geleistet wurden, ersetzt die Altersversorgung den Erwerbsschadensausgleich.

4.7.4 Soziale Absicherung

Durch den Bezug von Erwerbsschadensausgleich sollen Nachteile bei der Absicherung gegen Risiken von Krankheit und Alter der Betroffenen vermieden werden.

Die zuständige Behörde beantragt daher für diese Zeit die Versicherungspflicht in der gesetzlichen Rentenversicherung. Für Personen, die aufgrund einer Beschäftigung oder selbständigen Tätigkeit in einer berufsständischen Versorgungseinrichtung pflichtversichert sind, gibt es eine spezielle Regelung. Diese Personen können auf Antrag ihre nachgewiesenen Aufwendungen für die Alterssicherung bis zur Höhe der Beiträge erstattet bekommen, die bei einer Versicherungspflicht in der gesetzlichen Rentenversicherung angefallen wären.

In der gesetzlichen Krankenversicherung versicherungspflichtige oder freiwillig in der gesetzlichen Krankenversicherung versicherte Empfängerinnen und Empfänger von Erwerbsschadensausgleich können auf Antrag einen Beitragszuschuss zu ihren Beiträgen zur gesetzlichen Kranken- und zur sozialen Pflegeversicherung in Höhe desjenigen Betrages erhalten, um den sich die Beiträge durch Berücksichtigung des Erwerbsschadensausgleichs bei der Beitragsbemessung erhöhen. Der Beitragszuschuss ist bei der Bemessung des Beitrags zur Kranken- und Pflegeversicherung nicht zu berücksichtigen. Der Anspruch ist jedoch ausgeschlossen, wenn die Empfängerin oder der Empfänger einen Anspruch auf einen Beitragszuschuss des Arbeitgebers haben.

5. Ansprüche für Hinterbliebene

5. Ansprüche für Hinterbliebene

5.1 Tod als Schädigungsfolge

Das SEG sieht nicht nur Leistungen an Soldatinnen und Soldaten vor, sondern auch an deren Hinterbliebene. Hinterbliebene erhalten Leistungen, wenn der Tod der geschädigten Person Folge einer Wehrdienstbeschädigung ist oder sie an der anerkannten Schädigungsfolge stirbt.

Der Tod gilt dann als Schädigungsfolge, wenn die geschädigte Person an einer Gesundheitsstörung verstirbt, für die zum Zeitpunkt des Versterbens Ausgleich für gesundheitliche Schädigungsfolgen gewährt wurde. Das bedeutet, dass eine bereits im Verwaltungsverfahren für die geschädigte Person getroffene Entscheidung zur Anerkennung einer Schädigung auch im Verfahren der Hinterbliebenen berücksichtigt wird. Dies dient dazu, das Verwaltungsverfahren für die Hinterbliebenen zu vereinfachen, indem der Zusammenhang zwischen dem schädigenden Ereignis und der anerkannten Schädigungsfolge nicht erneut geprüft werden muss. Diese Vermutung gilt jedoch nur, wenn die anerkannte Schädigungsfolge tatsächlich zum Tod der Person geführt hat. Es muss also in jedem Einzelfall überprüft werden, ob die Schädigung ursächlich für den Tod war. Tritt der Tod durch eine andere, nicht anerkannte Ursache ein, greift die Rechtsvermutung nicht.

5.2 Ausgleichszahlungen an Witwen und Witwer

Der Ausgleich für Witwen und Witwer als pauschaler Einheitsbetrag in Höhe von 750 Euro wird unabhängig vom Einkommen gezahlt. Dieser Ausgleich soll pauschal die Unterhaltsansprüche ersetzen, die durch den Tod der verstorbenen Person entfallen sind. Zudem gilt diese Regelung für hinterbliebene eingetragene Lebenspartnerinnen und Lebenspartner.

Der Anspruch auf die monatliche Ausgleichszahlung erlischt, wenn die Witwe oder der Witwer wieder heiratet. Denn durch die Wiederverheiratung tritt ein neuer Unterhaltsverpflichteter hinzu und das Erfordernis des staatlichen Eintritts anstelle eines Unterhaltsverpflichteten entfällt.

5.2.1 Zusätzliche Ausgleichszahlung

Die Witwe oder der Witwer hat zusätzlich zur monatlichen Ausgleichszahlung Anspruch auf eine zusätzliche monatliche Ausgleichszahlung in Höhe von 50 Prozent des zugrunde zu legenden Referenzeinkommens der verstorbenen Person, soweit sie oder er

- Waisen der verstorbenen geschädigten Person bis zur Vollendung des zwölften Lebensjahres erzieht oder
- Waisen erzieht und mit diesen Kindern in häuslicher Gemeinschaft lebt, die wegen körperlicher, geistiger oder seelischer Behinderung außerstande sind, sich selbst zu unterhalten, oder
- voll erwerbsgemindert oder erwerbsunfähig nach dem Recht der gesetzlichen Rentenversicherung ist; voll erwerbsgemindert sind Personen, die wegen Krankheit oder Behinderung auf nicht absehbare Zeit außerstande sind, unter den üblichen Bedingungen des allgemeinen Arbeitsmarktes mindestens drei Stunden täglich erwerbstätig zu sein.

Mit Erreichen der Regelaltersgrenze der gesetzlichen Rentenversicherung beträgt die Ausgleichszahlung 30 Prozent des zugrunde zu legenden Referenzeinkommens der geschädigten Person.

Die Regelaltersgrenze beträgt für Personen, die vor 1949 geboren sind, 65 Jahre. Für Personen, die später geboren sind, steigt die Altersgrenze schrittweise an:

Versicherte Geburtsjahr Geburtsmonat	Anhebung um Monate	auf Alter	
		Jahr	Monat
1949			
Januar	1	65	1
Februar	2	65	2
März–Dezember	3	65	3
1950	4	65	4
1951	5	65	5
1952	6	65	6
1953	7	65	7
1954	8	65	8

Versicherte Geburtsjahr Geburtsmonat	Anhebung um Monate	auf Alter	
		Jahr	Monat
1955	9	65	9
1956	10	65	10
1957	11	65	11
1958	12	66	0
1959	14	66	2
1960	16	66	4
1961	18	66	6
1962	20	66	8
1963	22	66	10

5

Für Personen, die ab 1964 geboren sind, liegt die Regelaltersgrenze bei 67 Jahren.

Das monatliche Referenzeinkommen beträgt bei einer geschädigten Person

- ohne abgeschlossene Schulausbildung 2.218 Euro (entspricht Grundgehalt der Stufe 8 der Besoldungsgruppe A 4 nach der Anlage IV zum BBesG),
- ohne abgeschlossene Berufsausbildung 2.294 Euro (entspricht Grundgehalt der Stufe 8 der Besoldungsgruppe A 5 nach der Anlage IV zum BBesG),
- mit abgeschlossener Berufsausbildung 2.614 Euro (entspricht Grundgehalt der Stufe 8 der Besoldungsgruppe A 6 nach der Anlage IV zum BBesG),
- mit Techniker- oder Meisterprüfung 3.065 Euro (entspricht Grundgehalt der Stufe 8 der Besoldungsgruppe A 7 nach der Anlage IV zum BBesG),
- mit einem Bachelor- oder vergleichbaren Hochschulabschluss 3.830 Euro (entspricht Grundgehalt der Stufe 8 der Besoldungsgruppe A 8 nach der Anlage IV zum BBesG) und
- mit einem Master- oder vergleichbaren Hochschulabschluss 5.089 Euro (entspricht Grundgehalt der Stufe 8 der Besoldungsgruppe A 9 nach der Anlage IV zum BBesG).

5.2.2 Anrechnung von Einkommen

Für die Dauer des Bezugs der zusätzlichen monatlichen Ausgleichszahlung werden das anderweitige Arbeitsentgelt bei Arbeitnehmern, Arbeitseinkommen bei Selbständigen, Erwerbsersatzeinkommen (z. B. Krankengeld, Verletztengeld, Mutterschaftsgeld, Arbeitslosengeld, Kurzarbeitergeld, Renten wegen Alters oder verminderter Erwerbsfähigkeit, Verletztenrente und Ruhegehalt), vergleichbare Bezüge aus einem öffentlich-rechtlichen Dienst- oder Amtsverhältnis und Kapitalerträge angerechnet.

5.2.3 Anrechnung anderer Leistungen

Für die Dauer des Bezugs der Ausgleichszahlung an Witwen und Witwer wird folgendes Einkommen auf diese Leistung angerechnet:

1. Renten der Rentenversicherung wegen Todes, gekürzt um 14 Prozent,
2. Renten der Alterssicherung der Landwirte wegen Todes, gekürzt um 14 Prozent,
3. Witwen- und Witwerrente der Unfallversicherung, gekürzt um den Anteil der von der Witwe oder dem Witwer zu tragenden Beiträge zur Bundesagentur für Arbeit und, soweit Beiträge zur sonstigen Sozialversicherung oder zu einem Krankenversicherungsunternehmen gezahlt werden, zusätzlich um 10 Prozent,
4. Witwen- und Witwergeld und vergleichbare Bezüge aus einem öffentlich-rechtlichen Dienst- oder Amtsverhältnis oder aus einem versicherungsfreien Arbeitsverhältnis mit Anspruch auf Versorgung nach beamtenrechtlichen Vorschriften oder Grundsätzen und vergleichbare Bezüge aus der Versorgung der Abgeordneten sowie Leistungen nach dem Bundesversorgungsteilungsgesetz und vergleichbare Leistungen nach entsprechenden länderrechtlichen Regelungen, gekürzt um 25 Prozent,
5. Unfall-Hinterbliebenenversorgung und vergleichbare Bezüge aus einem öffentlich-rechtlichen Dienst- oder Amtsverhältnis oder aus einem versicherungsfreien Arbeitsverhältnis mit Anspruch auf Versorgung nach beamtenrechtlichen Vorschriften oder Grundsätzen sowie vergleichbare Bezüge aus der Versorgung der Abgeordneten, gekürzt um 25 Prozent,

6. Renten der öffentlich-rechtlichen Versicherungs- oder Versorgungseinrichtungen bestimmter Berufsgruppen wegen Todes, gekürzt um 29,6 Prozent,
7. Entschädigungszahlungen an Hinterbliebene nach dem SGB XIV sowie nach Gesetzen, die die entsprechende Anwendung des SGB XIV vorsehen,
8. Renten wegen Todes, die aus Anlass eines Arbeitsverhältnisses zugesagt worden sind, sowie Leistungen aus der Versorgungsausgleichskasse, gekürzt um 17,5 Prozent; sofern es sich dabei um Leistungen handelt, die der nachgelagerten Besteuerung unterliegen, gekürzt um 23 Prozent und
9. Ausgleichszahlungen an Eltern.

5.2.4 Nichtanrechnung auf andere Leistungen

Ausgleichszahlungen an Witwen und Witwer werden nicht als Einkommen oder Vermögen auf andere Sozialleistungen oder auf Leistungen nach dem AsylbLG angerechnet.

5.3 Ausgleichszahlung an Waisen

Das SEG schafft für Kinder verstorbener geschädigter Personen einen eigenen Anspruch auf Ausgleichsleistungen.

Waisen erhalten eine monatliche Ausgleichszahlung in Höhe von 400 Euro. Waisen, die durch das Versterben des anderen Elternteils zu Vollwaisen werden, erhalten eine monatliche Ausgleichszahlung in Höhe von 650 Euro.

Die Ausgleichszahlung wird ohne Prüfung eines Nachweises einer Bedürftigkeit bis zu dem Monat gezahlt, in dem die Waise das 27. Lebensjahr vollendet.

Ausgleichszahlungen an Waisen werden nicht als Einkommen oder Vermögen auf andere Sozialleistungen oder auf Leistungen nach dem AsylbLG angerechnet.

5.4 Ausgleichszahlung an Eltern

Die Ausgleichszahlung hat im Hinblick auf den erlittenen Verlust vor allem immateriellen Charakter und knüpft an die Regelungen zur Elternrente nach dem SGB IX an.

Die monatliche Ausgleichszahlung an Eltern beträgt für jedes Kind, das an der Schädigungsfolge der Wehrdienstbeschädigung verstorben ist, 300 Euro.

Eltern erhalten die monatliche Ausgleichszahlung jedoch nur, wenn sie voll erwerbsgemindert i. S. d. gesetzlichen Rentenversicherung sind, also täglich nicht mindestens drei Stunden erwerbstätig sein können, aus anderen zwingenden Gründen eine zumutbare Erwerbstätigkeit nicht ausüben können oder das 60. Lebensjahr vollendet haben, frühestens jedoch von dem Monat an, in dem die geschädigte Person das 18. Lebensjahr vollendet hätte.

Ausgleichszahlungen an Eltern werden nicht als Einkommen oder Vermögen auf andere Sozialleistungen oder auf Leistungen nach dem AsylbLG angerechnet.

5.5 Leistungen zur Teilhabe am Arbeitsleben für Witwen und Witwer

Witwen und Witwer können einmalig Leistungen zur Teilhabe am Arbeitsleben erhalten, um nach dem Tod der versorgungsberechtigten Person die Erwerbsfähigkeit entsprechend ihrer Leistungsfähigkeit zu erhalten, zu verbessern, herzustellen oder wiederherzustellen und dadurch ihre Teilhabe am Arbeitsleben möglichst auf Dauer zu sichern. Wie bei Soldatinnen und Soldaten selbst kommen insoweit beispielsweise in Betracht

- Hilfen zur Erhaltung und Erlangung eines Arbeitsplatzes einschließlich Leistungen zur Aktivierung und beruflichen Eingliederung,
- eine Berufsvorbereitung,
- die individuelle betriebliche Qualifizierung im Rahmen Unterstützter Beschäftigung,
- die berufliche Ausbildung, berufliche Anpassung und Weiterbildung sowie
- die Förderung der Aufnahme einer selbständigen Tätigkeit und sonstige Hilfen zur Förderung der Teilhabe am Arbeitsleben.

Die LTA werden durch das Übergangsgeld als unterhaltssichernde Leistung ergänzt.

Die Höhe des Übergangsgeldes errechnet sich regelmäßig wie die Höhe des Krankengeldes der Soldatenentschädigung und beträgt 80 Prozent des erzielten regelmäßigen Entgelts und darf das entgangene regelmäßige Nettoarbeitsentgelt (Regelentgelt) nicht übersteigen. Das Regelentgelt wird bis zur Höhe der jeweils geltenden Leistungsbemessungsgrenze, der Beitragsbemessungsgrenze in der gesetzlichen Rentenversicherung, berücksichtigt. Diese liegt im Jahr 2025 bei 8.050 Euro pro Monat.

Ausnahmsweise wird das Übergangsgeld aber auch auf der Grundlage der monatlichen Ausgleichszahlung berechnet. Um die finanzielle Sicherheit von Witwen oder Witwern während einer beruflichen Rehabilitationsmaßnahme sicherzustellen, wird, wenn die Witwe oder der Witwer vor der Maßnahme kein eigenes Erwerbseinkommen hatte, das Übergangsgeld auf Basis der monatlichen Ausgleichszahlung berechnet.

Wie für Soldatinnen und Soldaten selbst, sollen für die Dauer des Bezugs des Übergangsgeldes Nachteile in der Altersvorsorge vermieden werden. Grundsätzlich sind daher Personen für die Dauer des Bezugs von Übergangsgeld bei Teilnahme an Maßnahmen der beruflichen Rehabilitation in der gesetzlichen Rentenversicherung versichert.

Neben den LTA an sich und dem Übergangsgeld kann die Erstattung von Kosten für Haushaltshilfe, Betriebshilfe und Kinderbetreuung sowie von Reisekosten beansprucht werden.

5.6 Überführung

Die Bundeswehrverwaltung übernimmt die Kosten für die Überführung einer geschädigten Person. Die Person, die die Überführungskosten getragen hat, kann die Kostenerstattung beantragen, unabhängig davon, ob sie mit der verstorbenen Person familiär verbunden oder verwandt ist. Erstattet werden die tatsächlich angefallenen Überführungskosten, soweit diese notwendig und angemessen sind. Typische Überführungskosten umfassen dabei den Transport des Leichnams vom Sterbeort zum Bestattungsort.

Auf den Betrag der zu übernehmenden Überführungskosten werden einmalige Leistungen angerechnet, die anlässlich des Todes aufgrund öffentlich-rechtlicher Vorschriften zum Zweck der Übernahme der Kosten der Überführung erbracht werden, z. B. das Sterbegeld nach dem Beamtenversorgungsgesetz.

5.7 Bestattung

Verstirbt die geschädigte Person an der Schädigungsfolge, werden derjenigen Person, die die Bestattung bezahlt hat, die Bestattungskosten erstattet. Der Anspruch auf Erstattung umfasst die Kosten der Bestattung bis zur Höhe eines Siebtels der im Zeitpunkt des Todes geltenden jährlichen Bezugsgröße nach dem SGB IV. Die Bezugsgröße beträgt 2025 44.940 Euro. Dementsprechend beträgt die Bestattungskostenerstattung maximal 6.420 Euro.

5.8 Sterbegeld

Das Sterbegeld ist eine eigenständige Versorgungsleistung, die auf Antrag gewährt wird. Voraussetzung ist, dass der verstorbenen Person zuvor mindestens ein Ausgleich für gesundheitliche Schädigungsfolgen bewilligt wurde. Dies ergibt sich daraus, dass das Sterbegeld auf Grundlage dieser Leistung und ggf. des Erwerbsschadensausgleichs berechnet wird. Der Anspruch auf Sterbegeld besteht unabhängig davon, ob der Tod durch die Schädigung verursacht wurde, die zur Bewilligung des Ausgleichs führte.

Die Höhe des Sterbegeldes richtet sich nach den bewilligten Leistungen, die der verstorbenen Person im Sterbemonat ausgezahlt worden wären. Ziel der Leistung ist es, den von der verstorbenen Person unterhaltenen Haushaltsangehörigen für zwei Monate den bisherigen Lebensstandard zu sichern, auch wenn der Tod nicht schädigungsbedingt war.

Anspruch auf Sterbegeld haben vorrangig die Ehegattin oder der Ehegatte, die Kinder oder die Eltern, sofern sie zum Zeitpunkt des Todes mit der geschädigten Person in häuslicher Gemeinschaft gelebt haben. Eine häusliche Gemeinschaft bedeutet ein Zusammenleben in derselben Wohnung oder in enger Betreuung. War dies nicht der Fall, erhält die Person das Sterbegeld, die von der verstorbenen Person finanziell unterstützt wurde. Die Regelung gilt entsprechend auch für eingetragene Lebenspartner und Lebenspartnerinnen.

5.9 Ausgleichszahlung an Partnerinnen und Partner einer verfestigten Lebensgemeinschaft

Das SEG gewährt, wie schon bisher, einen Anspruch auf eine monatliche Entschädigungszahlung für Personen, die Anspruch auf Betreuungsunterhalt haben, jedoch nur für die ersten drei Lebensjahre des gemeinsamen Kindes. Es handelt sich um Personen, die sich mit der oder dem Verstorbenen in einer verfestigten Lebensgemeinschaft befanden. Eine verfestigte Lebensgemeinschaft besteht, wenn die Beziehung dauerhaft angelegt ist, keine weitere Partnerschaft zulässt und durch starke persönliche Bindungen geprägt ist, die ein gegenseitiges Unterstützen in schwierigen Lebenslagen bedingen. Zusätzlich ist ein gemeinsames Wohnen in einer Wohnung erforderlich.

5.10 Erstattung von Kosten für psychotherapeutische Leistungen

Hinterbliebenen werden die Kosten für psychotherapeutische Leistungen in angemessenem Umfang erstattet, wenn die Leistungen zum Ausgleich psychischer Beeinträchtigungen, die mittelbar auf die für die Soldatin oder den Soldaten anerkannte Schädigungsfolge zurückzuführen sind, oder zur Erreichung oder Sicherung des Behandlungserfolgs notwendig sind und der zuständige Leistungsträger oder das private Krankenversicherungsunternehmen seine Leistungspflicht verneint hat.

Der Kostenerstattungsanspruch für psychotherapeutische Leistungen in angemessenem Umfang gilt nicht nur für Hinterbliebene, sondern auch für Angehörige von Soldatinnen und Soldaten.

6. Leistungen im Ausland

6

6. Leistungen im Ausland

6.1 Voraussetzungen

Die Bundeswehr übernimmt die Leistungen auch bei einem längeren Aufenthalt im Ausland oder dem dauerhaften Wechsel des Wohnsitzes ins Ausland unter bestimmten Voraussetzungen.

6.2 Kostenerstattungsprinzip

Im Ausland organisiert die geschädigte Person ihre notwendige medizinische Versorgung eigenständig. Dadurch wird bei einem dauerhaften Wohnsitz oder gewöhnlichen Aufenthalt im Ausland das Sachleistungsprinzip zugunsten des Kostenerstattungsprinzips aufgehoben. Diese Abweichung vom Sachleistungsprinzip gilt jedoch nur für den dauerhaften Aufenthalt im Ausland.

Erstattet werden maximal die doppelten Kosten, die bei einer Behandlung im Inland angefallen wären. In Ausnahmefällen kann nach Ermessen ein höherer Betrag erstattet werden. Eine Behandlung im Inland bleibt möglich, wenn dies medizinisch oder kostentechnisch erforderlich ist.

Die Kosten für Arznei- und Verbandmittel sowie Heil- und Hilfsmittel können in voller Höhe erstattet werden.

Leistungen der medizinischen Rehabilitation, häusliche Krankenpflege, Leistungen bei Pflegebedürftigkeit, Leistungen zur Mobilität, Leistungen der Haushaltshilfe, Kinderbetreuungskosten, Reisekosten und Krankengeld der Soldatenentschädigung werden bis zu der Höhe erstattet, die bei Erbringung im Inland angefallen wären.

Bei einem dauerhaften Auslandsaufenthalt muss sich die geschädigte Person in das soziale Sicherungssystem des Aufenthaltsstaates integrieren und dortige Ansprüche geltend machen. Nur wenn keine Ansprüche aus diesen Systemen bestehen, werden Erstattungen nach dem SEG gewährt.

6.3 Krankengeld der Soldatenversorgung

Dasselbe gilt für das Krankengeld der Soldatenversorgung. Nur wenn im Wohnsitzstaat weder eine Leistung entsprechend der Leistung des Krankengeldes der Soldatenentschädigung zu verwirklichen ist, noch geschädigte Personen diesen Bedarf durch einen bestehenden privaten oder gesetzlichen Versicherungsschutz decken können und ihnen so ein Nachteil entsteht, wird ihnen Krankengeld der Soldatenentschädigung gewährt, wie es auch bei einem Wohnsitz oder einem gewöhnlichen Aufenthalt im Inland gezahlt worden wäre.

6.4 Keine Begünstigung anderer Staaten

Ausgleich für gesundheitliche Schädigungsfolgen bei Auslandsaufenthalt oder Auslandswohnsitz wird nur gewährt, soweit der Leistungszweck erreicht werden kann. Der Leistungszweck wird insbesondere dann nicht erreicht, wenn der Wohnsitz- oder Aufenthaltsstaat Zahlungen nach dem SEG auf eigene Sozialleistungen ganz oder teilweise anrechnet. Ausländische Staaten sollen nämlich nicht durch Leistungen des inländischen Steuerzahlers begünstigt werden.

6.5 Kein Erwerbsschadensausgleich

Ein Anspruch auf Erwerbsschadensausgleich besteht im Ausland nicht, da sich die betroffenen Personen auf das Absicherungsniveau des neuen Wohnsitzstaates verweisen lassen müssen. Zur teilweisen Kompensation kann eine einmalige Abfindung beantragt werden, die spätestens drei Monate nach dem Umzug ins Ausland beantragt werden muss. Die Abfindung beträgt das 30-Fache des bisherigen monatlichen Erwerbsschadensausgleichs und schließt alle zukünftigen Ansprüche auf diesen Ausgleich, auch bei einer Rückkehr nach Deutschland, aus.

7. Schadensersatzansprüche

7. Schadensersatzansprüche

7.1 Einschränkung

Geschädigte Personen haben aufgrund der anerkannten Schädigungsfolge gegen den Bund nur die auf dem SEG beruhenden Ansprüche. Diese Regelung schränkt einerseits die Haftung zugunsten des Bundes ein und soll andererseits den Frieden unter den Kameradinnen und Kameraden sowie den „Betriebsfrieden" innerhalb der Bundeswehr wahren. Um Konflikte zwischen Soldatinnen und Soldaten und dem Dienstherrn oder Vorgesetzten zu vermeiden, wird ein gesetzlicher Ausschluss von Ansprüchen außerhalb dieses Gesetzes vorgesehen, es sei denn, es liegt eine vorsätzliche unerlaubte Handlung vor. Der Ausschluss greift nicht, wenn kein Anspruch nach diesem Gesetz besteht.

7.2 Ausnahme

Die Haftungsbeschränkung findet keine Anwendung, wenn die Gesundheitsstörung durch eine vorsätzliche unerlaubte Handlung verursacht wurde oder die Schädigung aus der Teilnahme am allgemeinen Verkehr resultiert. In solchen Fällen wäre ein Haftungsausschluss unangemessen.

Im Fall von Ansprüchen aufgrund der Teilnahme am allgemeinen Verkehr sind Leistungen nach dem SEG zur Vermeidung einer Doppelversorgung auf die weitergehenden Ansprüche anzurechnen.

Die oben dargestellten Haftungsbegrenzungen gelten nicht für Ersatzansprüche gegen andere Personen sowie die Übernahme der Schmerzensgeldzahlung durch den Dienstherrn auf der Grundlage des Soldatengesetzes.

8. Erstattung von Sachschäden

8. Erstattung von Sachschäden

8.1 Ermessen

Wenn bei einem während der Ausübung des Wehrdienstes erlittenen Unfall neben der gesundheitlichen Schädigung Kleidungsstücke oder andere Gegenstände, welche die Soldatin oder der Soldat mit sich geführt hat, beschädigt oder zerstört werden oder abhandenkommen, kann auf Antrag Ersatz in angemessener Höhe geleistet werden. Der Ersatz ist in der Regel auf Kleidungsstücke und sonstige Gegenstände des täglichen Bedarfs zu beschränken, welche die geschädigte Person im Dienst benötigt oder üblicherweise mit sich führt; hierzu gehört auch ein Kraftfahrzeug. Wie die Formulierung „kann" zeigt, steht die Erstattung von Sachschäden und besonderen Aufwendungen im Ermessen der Versorgungsverwaltung. Die Soldatin oder der Soldat hat demnach keinen festen Anspruch auf Erstattung etwaiger Sachschäden, sondern nur darauf, dass die Behörde das ihr zustehende Ermessen richtig ausübt, also bei ihrer Entscheidung, ob Sachschäden erstattet werden, alle relevanten Gesichtspunkte, insbesondere die Interessen der Soldatin oder des Soldaten einerseits und der Bundeswehr andererseits, berücksichtigt.

Hat die Soldatin oder der Soldat den Unfall vorsätzlich oder grob fahrlässig herbeigeführt, so ist ein Ersatz des Schadens und der notwendigen Aufwendungen ausgeschlossen.

8.2 Erstattung gegenüber Dritten

Im SEG vorgesehen ist zudem, dass einem Dritten die notwendigen Aufwendungen erstattet werden, die ihm durch die Erste-Hilfe-Leistung gegenüber der Soldatin oder dem Soldaten entstanden sind.

9. Erstattung fortgezahlten Entgelts

9. Erstattung fortgezahlten Entgelts

9.1 Erstattung an Arbeitgeber

Ist die frühere Soldatin oder der frühere Soldat ab dem Tag nach dem Ende des auf einer Dienstpflicht beruhenden Wehrdienstverhältnisses arbeitsunfähig, wird dem privaten Arbeitgeber, der aufgrund eines bereits vor Beginn des Wehrdienstverhältnisses bestehenden Arbeitsverhältnisses zur Fortzahlung des Arbeitsentgelts im Krankheitsfall verpflichtet ist, das fortgezahlte Arbeitsentgelt erstattet. Die Regelung betrifft ausschließlich ausgeschiedene Soldatinnen und Soldaten, die aufgrund ihrer Wehrpflicht im Dienst waren. Sie soll den Nachteil privater Arbeitgeber ausgleichen, wenn ein Arbeitnehmer nach Ende seines Wehrdienstes wegen einer Wehrdienstbeschädigung arbeitsunfähig zurückkehrt.

9.2 Relevanz

Da die Wehrpflicht derzeit ausgesetzt ist, hat die Regelung aktuell keine praktische Bedeutung. Angesichts der politischen Debatten könnte sie jedoch schnell Relevanz erhalten, falls die Wehrpflicht wieder eingeführt wird.

10. Ausgleich in Härtefällen

10. Ausgleich in Härtefällen

10.1 Angemessener Ausgleich

Soweit sich im Einzelfall bei Vorliegen der anerkannten Schädigungsfolge aus der Anwendung dieses Gesetzes eine besondere Härte ergibt, kann mit Zustimmung des Bundesministeriums der Verteidigung ein angemessener Ausgleich erbracht werden. Eine besondere Härte ist gegeben, wenn der Ausschluss von Leistungen insgesamt oder der Ausschluss von einzelnen Leistungen dem Sinn und Zweck dieses Gesetzes widerspricht. Ziel der Härtefallregelung ist es, in solchen Fällen Leistungen zu gewähren, um ein Ungleichgewicht zwischen der starren Gesetzesanwendung und dem Ziel des SEG, der Entschädigung wehrdienstbeschädigter Soldatinnen und Soldaten wegen der gesundheitlichen und wirtschaftlichen Folgen, zu vermeiden.

11. Verfahren

11. Verfahren

11.1 Regelungen des SGB X

Im behördlichen Verfahren gelten die Regelungen des SGB X (Sozialverwaltungsverfahren und Sozialdatenschutz). Diese werden ergänzt durch Sonderregelungen des SEG. Das Verfahren zur Feststellung von Wehrdienstbeschädigungen und etwaigen Entschädigungsansprüchen wird in der Praxis kurz als WDB-Verfahren bezeichnet.

11.2 Antragserfordernis

Leistungen nach dem SEG werden grundsätzlich nur auf Antrag erbracht. Der Antrag ist, wie schon in der Vergangenheit, beim Bundesamt für das Personalmanagement der Bundeswehr zu stellen.

Bei Soldatinnen und Soldaten, die sich in einem Wehrdienstverhältnis befinden, kann das Verfahren, abweichend vom Grundsatz des Antragserfordernisses, auch von Amts wegen eingeleitet werden. Dies kann beispielsweise durch eine dienstliche Meldung über das Vorliegen eines Schadensereignisses erfolgen.

11.3 Beweismaßstab

Im Bereich des Soldatenentschädigungsrechts gelten zwei verschiedene Beweismaßstäbe, der Vollbeweis und die Wahrscheinlichkeit.

11.3.1 Vollbeweis

Zur Geltendmachung von Ansprüchen müssen die mit der Gesundheitsstörung und die mit dem Wehrdienst im Zusammenhang stehenden Tatsachen (schädigender Vorgang, primäre Schädigung und Schädigungsfolgen) grundsätzlich im Vollbeweis nachgewiesen werden. Vollbeweis meint einen Wahrscheinlichkeitsgrad, der so hoch ist, dass hinsichtlich der Tatsache kein vernünftiger Zweifel mehr besteht.

Beispiel:

Ein Soldat ist zunächst als Flugzeugmechanikerhelfer und anschließend bis zum Dienstzeitende als Flugzeugmechaniker und zuletzt als Flugzeugmechanikermeister tätig. Bei verschiedenen Flugzeugteilen findet der Stoff Thorium Verwendung, der radioaktiv ist. Nach einigen Jahren erkrankt der Soldat an einem Rektumkarzinom.

Er beantragt daraufhin Entschädigungsleistungen bei der Bundeswehr. Als schädigender Vorgang kommt hier die Thoriumexposition durch den Umgang mit Flugzeugen bzw. Flugzeugteilen in Betracht.

Dennoch erhält der Soldat keine Entschädigung. Von einer relevanten radioaktiven Belastung durch Thorium kann ausgegangen werden, wenn eine Aufnahme von Thorium in erheblichem Umfang erfolgt ist. Dies kann der Soldat aber nicht so beweisen, dass kein vernünftiger Zweifel mehr besteht. Ihm gelingt der erforderliche Vollbeweis nicht.

11.3.2 Wahrscheinlichkeit

Der Zusammenhang zwischen Gesundheitsstörung und Wehrdienst muss dann mit Wahrscheinlichkeit nachgewiesen werden, d. h., es muss nach der geltenden medizinisch-wissenschaftlichen Lehrmeinung mehr dafür als dagegen sprechen. In der Regel ist zum wahrscheinlichen Nachweis des Zusammenhangs die Einholung eines medizinischen Gutachtens unabdingbar. Die bloße Möglichkeit oder lediglich ein zeitlicher Zusammenhang genügen nicht.

Beispiel:

Ein Soldat wird für eine Auslandsverwendung der Bundeswehr am 30.5.2023 mit dem Impfstoff Repevax gegen Diphtherie, Keuchhusten, Kinderlähmung und Wundstarrkrampf geimpft. Am Folgetag treten Schweißausbrüche, Kopfschmerzen und ein allgemeines Schwächegefühl auf. Kurz danach verschlechtert sich sein Gesundheitszustand weiter, es treten Sensibilitätsstörungen der Fingerkuppen und der Zehen sowie Taubheitsgefühle auf, sodass er am 12.6.2023 den Truppenarzt aufsucht und stationär behandelt wird. Hier wird das Guillain-Barré-Syndrom festgestellt.

Der Soldat macht daraufhin Versorgungsansprüche gegen die Bundeswehr geltend. Die Impfung war dienstlich veranlasst, da sie zur Auslandsverwendung erfolgt ist. Ein schädigender Vorgang liegt damit vor.

Die primäre Schädigung (Schweißausbrüche, Kopfschmerzen und das allgemeine Schwächegefühl) kann durch die Ehefrau des Soldaten als Zeugin und durch einen an diesem Tag erfolgten Arztbesuch bewiesen werden.

Das Guillain-Barré-Syndrom als Schädigungsfolge ist diagnostiziert und damit ebenfalls bewiesen.

Dennoch erhält der Soldat keine Entschädigungsleistungen, weil es nicht gelingt, einen wahrscheinlichen Zusammenhang zwischen dem Primärschaden (Schweißausbrüche, Kopfschmerzen und das allgemeine Schwächegefühl) und dem Guillain-Barré-Syndrom herzustellen. Denn nach der geltenden medizinisch-wissenschaftlichen Lehrmeinung spricht nicht mehr für als gegen einen Zusammenhang. Der bloße zeitliche Zusammenhang reicht alleine nicht aus.

11.3.3 Beweiserleichterung

Gerade das zugrunde liegende schädigende Ereignis ist allgemein im Sozialrecht und ganz besonders im Bereich der Soldatenentschädigung oft nur schwer objektiv nachweisbar. Häufig fehlt es schlicht an Zeugen oder anderen Beweismitteln, sodass lediglich die Angaben des Geschädigten selbst zur Verfügung stehen. Um dieser Beweisnot zu begegnen, findet sich im SEG eine Sonderregelung. Die Angaben der geschädigten Person oder ihrer Hinterbliebenen, die sich auf die mit der Gesundheitsstörung oder mit dem Wehrdienst im Zusammenhang stehenden Tatsachen beziehen, sind dann, wenn Beweismittel nicht vorhanden oder nicht zu beschaffen oder ohne Verschulden der geschädigten Person oder ihrer Hinterbliebenen verlorengegangen sind, der Entscheidung zugrunde zu legen, soweit sie nach den Umständen des Falls glaubhaft erscheinen. Die Verwaltungsbehörde kann insoweit die Abgabe einer eidesstattlichen Versicherung verlangen.

11.4 Leistungsbeginn

Bei erstmaligem Antrag auf Anerkennung der Schädigungsfolge sind Leistungen ab dem Monat zu erbringen, in dem die Voraussetzungen vorliegen, frühestens ab dem Monat, in dem der Antrag gestellt wird. Wird das Verwaltungsverfahren von Amts wegen eingeleitet, beginnt die Leistung mit dem Monat, in dem die anspruchsbegründenden Tatsachen der zuständigen Behörde bekannt geworden sind. Stellt die geschädigte Person den Antrag auf Anerkennung der Schädigungsfolge innerhalb eines Jahres nach Eintritt der primären Gesundheitsstörung, werden Leistungen ab dem Zeitpunkt des Eintritts der Schädigungsfolge erbracht. War die geschädigte Person ohne ihr Verschulden an der Antragstellung innerhalb der Jahresfrist gehindert, verlängert sich diese Frist um den Zeitraum der Verhinderung.

Die Leistungen an Hinterbliebene beginnen frühestens mit dem auf den Sterbemonat folgenden Monat. Kinder, die nach dem Versterben der geschädigten Person geboren werden, erhalten Leistungen vom ersten Tag des Geburtsmonats an.

Alle laufenden Geldleistungen werden monatlich im Voraus geleistet, und zwar am letzten Arbeitstag des Monats, der dem Monat vorausgeht, für den sie bestimmt sind.

11.5 Vorläufige Leistungsbewilligung

Über Sozialleistungen wird üblicherweise endgültig entschieden. Das SEG sieht jedoch verschiedene Fallgestaltungen vor, in denen eine nur vorläufige Entscheidung über den geltend gemachten Antrag möglich ist.

Das SEG erlaubt eine vorläufige Entscheidung über Leistungen oder einen Teil davon, wenn die Prüfung des Anspruchs länger dauert, weil weitere Ermittlungen notwendig sind. Diese Entscheidung kann getroffen werden, wenn die Anspruchsvoraussetzungen mit hinreichender Wahrscheinlichkeit vorliegen und die Antragstellerin oder der Antragsteller die Verzögerung nicht selbst verursacht hat. Außerdem muss ein berechtigtes Interesse an der vorläufigen Entscheidung bestehen, das rechtlicher, wirtschaftlicher oder ideeller Art sein kann.

Die Ungewissheit betrifft dabei die tatsächlichen Voraussetzungen des Leistungsanspruchs. Die Behörde hat das Recht einzuschätzen, ob weitere Ermittlungen erforderlich sind. Eine hinreichende Wahrscheinlichkeit liegt vor, wenn die aktuellen Erkenntnisse objektiv betrachtet eher für den Anspruch sprechen als dagegen. Die Antragstellerin oder der Antragsteller darf jedoch die Verzögerung nicht verschuldet haben, beispielsweise durch mangelnde Mitwirkung bei der Sachverhaltsaufklärung.

Nach Abschluss der Ermittlungen ist eine endgültige Entscheidung zu treffen. Aufgrund der vorläufigen Entscheidung erbrachte Leistungen sind auf die zustehende Leistung anzurechnen. Soweit mit der endgültigen Entscheidung ein Leistungsanspruch nicht oder nur in geringerer Höhe zuerkannt wird, sind aufgrund der vorläufigen Entscheidung erbrachte Leistungen vom Empfänger zu erstatten.

11.6 Leistungsende

Das SEG enthält eine spezialgesetzliche Regelung, die den Zeitpunkt von Änderungen und das Ende von Leistungen festlegt. Diese Regelung dient der Verwaltungsvereinfachung. Sie regelt jedoch nicht, unter welchen Bedingungen ein bestehender Verwaltungsakt aufgehoben oder geändert werden kann; das richtet sich ausschließlich den Regelungen des SGB X. Im SEG werden lediglich die Modalitäten beschrieben, wie die Auszahlung angepasst werden muss, wenn es auf Basis dieser Vorschriften zu einer Änderung kommt.

Nach den Vorgaben des SGB X ist eine Aufhebung oder Änderung von Verwaltungsakten in verschiedenen Fallkonstellationen möglich. Die Regelungen des SGB X legen fest, wann und wie eine Korrektur oder Anpassung von Verwaltungsakten möglich ist, wobei jeweils geprüft werden muss, ob der Betroffene in den Bestand des Verwaltungsakts vertrauen konnte und ob das Vertrauen schutzwürdig ist. Dabei wird zwischen begünstigenden und belastenden Verwaltungsakten sowie zwischen rechtswidrigen und rechtmäßigen Verwaltungsakten differenziert.

Von besonderer Bedeutung im Bereich des SEG ist die Aufhebung eines Verwaltungsaktes mit Dauerwirkung bei Änderung der Verhältnisse. Eine solche kommt immer dann in Betracht, wenn sich der GdS verändert, z. B., wenn sich nach erfolgter GdS-Feststellung ein psychisches Leiden im Laufe der Zeit weiter verschlechtert. Dann haben sich die Verhältnisse infolge der GdS-Erhöhung geändert, sodass auch die ursprüngliche Feststellung zu ändern ist. Die Leistungen in neuer Höhe werden dann nach Ablauf des Monats geleistet, in dem die Änderung wirksam geworden ist.

Fallen aus tatsächlichen oder rechtlichen Gründen die Anspruchsvoraussetzungen für eine Leistung weg, wird die Leistung bis zum Ende des Monats gewährt, in dem der Wegfall wirksam geworden ist.

Beruht die Minderung oder der Wegfall der Leistungen, deren Höhe vom Einkommen beeinflusst wird, auf einer Erhöhung dieses Einkommens, so tritt die Minderung oder der Wegfall mit dem Monat ein, in dem das Einkommen sich erhöht hat.

Leistungen werden bis zum Ende des Kalendermonats gewährt, in dem die geschädigte Person verstorben ist, die Zahlung von Dienstbezügen endet oder der Tod der geschädigten Person nach dem Verschollenheitsgesetz erklärt wurde.

11.7 Ruhen von Ansprüchen

Das SEG will Doppelleistungen für dieselbe Ursache vermeiden, indem es die parallele Auszahlung ähnlicher öffentlicher Leistungen regelt. Angelehnt an das BVG wird, wenn Ansprüche sowohl nach dem SEG als auch nach beamtenrechtlichen Unfallfürsorge-Regelungen bestehen, nur eine Leistung tatsächlich ausgezahlt.

Falls eine anspruchsberechtigte Person z. B. bereits ein Unfallruhegehalt aus dem Beamtenversorgungsrecht erhält, wird der Anspruch aus dem SEG insoweit ruhend gestellt, wie die beamtenrechtliche Leistung gleichwertig oder höher ist. Das Gesetz behält dabei den Anspruch aus dem SEG formell bei, sodass dieser bei Bedarf wieder aktiviert werden kann, sofern die Voraussetzungen sich ändern. Dies ist insbesondere relevant für Beamte und Berufssoldaten, die etwa im Auslandseinsatz in Erfüllung dienstlicher Pflichten verletzt werden könnten.

11.8 Zusammentreffen von Ansprüchen

Hat jemand mehrere Ansprüche auf Entschädigung für gesundheitliche Schäden aufgrund verschiedener schädigender Ereignisse, z. B. einen Anspruch auf Soldatenentschädigung und Opferentschädigung oder Entschädigung für einen erlittenen Impfschaden, ist ein einheitlicher Anspruch festzulegen, was zu einer einzigen Entschädigungszahlung führt. Diese Zahlung wird anteilig entsprechend der Ursache der jeweiligen Schädigungen aufgeteilt, sodass jeder Leistungsträger nur den Anteil trägt, der nach dem Gesetz ihm zugeordnet ist.

Auch mit dieser Regelung sollen Doppelzahlungen vermieden werden, wie sie andernfalls durch getrennte Feststellungen des GdS für die einzelnen Ereignisse entstehen könnten. Diese Regelung entspricht im Wesentlichen den Bestimmungen im bisherigen SVG. Sie ist besonders relevant, wenn die Ansprüche auf unterschiedlichen Rechtsgrundlagen basieren, etwa aus dem SEG und dem SGB IX, und sorgt dafür, dass die Gesamtentschädigung fair verteilt wird.

11.9 Unpfändbarkeit von Leistungen

Leistungen, die als Ausgleich für gesundheitliche Schäden monatlich gezahlt werden, z. B. Ausgleichszahlungen an Witwen und Witwer, an Waisen, an Eltern, an Partnerinnen und Partner einer verfestigten Lebensgemeinschaft sowie Geldleistungen, die bereits vor dem 1.1.2025 gewährt wurden sind unpfändbar.

11.10 Fallmanagement

Neu im SEG und Ausdruck der Fürsorgepflicht ist das Fallmanagement. In komplexen Fällen ist nun ein Fallmanagement nach pflichtgemäßem Ermessen und unter Berücksichtigung des Willens der betroffenen Personen oder deren Hinterbliebenen vorgesehen. Dieses Fallmanagement dient dazu, geschädigte Personen und Hinterbliebene bei der Antragsbearbeitung und Verfahrensführung zu begleiten, insbesondere wenn der Fall besondere Anforderungen an die Bearbeitung stellt.

Ziel ist es, den Antragstellern durch die Behörden umfassend zur Seite zu stehen und einen einfachen Zugang zu weiteren Sozialleistungen sicherzustellen. Die Bundeswehrverwaltung übernimmt dabei verbindliche Beratungsaufgaben und arbeitet eng mit dem Sozialdienst der Bundeswehr zusammen.

11.11 Aufbewahrungspflichten

Betroffene Soldatinnen und Soldaten und deren Hinterbliebene sollten sich zeitnah um die Geltendmachung ihrer Ansprüche bemühen, wenn sie eine Wehrdienstbeschädigung erlitten haben, denn der Zeitablauf erschwert die ohnehin oftmals nicht einfache Durchsetzung der Ansprüche zusätzlich. Unterlagen sind nicht mehr auffindbar, Zeugen nicht mehr erreichbar oder erinnern sich nicht mehr ausreichend.

Zudem werden Akten von der Bundeswehr nicht unbefristet aufbewahrt. Vielmehr gelten Aufbewahrungsfristen, deren Länge von der Art der Akten abhängt:

Art der Akten	Aufbewahrungsfrist
Beschädigtenakten	– 20 Jahre nach dem Tod des Betroffenen, wenn Versorgungsbezüge bis zum Tod gezahlt wurden. – bei Betroffenen mit einer MdE (Minderung der Erwerbsfähigkeit) unter 25, deren Ansprüche abgelehnt wurden: 20 Jahre nach Ablehnung, spätestens bis 90. Lebensjahr.
Witwen-, Witwer- und Waisenakten	– Witwen/Witwer: 10 Jahre nach dem Tod des Versorgungsbeziehers. – Rente nicht bis zum Tod gezahlt: 10 Jahre nach Einstellung der Zahlungen, mindestens bis 90. Lebensjahr. – Waisen: 10 Jahre nach Ausscheiden der letzten Waisen aus der Versorgung.
Eltern- und Großelternakten	– 10 Jahre nach Einstellung der Zahlungen. – bei Ablehnung von Hinterbliebenenversorgungen: 30 Jahre nach Rechtskraft der Entscheidung.
Orthopädische Akten	– 10 Jahre nach Bearbeitung des letzten Antrags oder 5 Jahre nach dem Tod des Betroffenen.
Kapitalabfindungsakten	– 3 Jahre nach: Ablauf des Abfindungszeitraums, Rückzahlung der Abfindung, Tod des Abgefundenen, Wiederverheiratung der Witwe/des Witwers, Ablehnung des Antrags.

11.12 Digitalisierung

Die Digitalisierung ist ein wichtiger Baustein bei der Modernisierung der Bundeswehrverwaltung. Sie soll insbesondere die Entscheidungsprozesse und Verfahren vereinfachen und beschleunigen.

Geplant ist, dass von der Antragstellung bis zur Bescheiderteilung das Entschädigungsverfahren vollständig elektronisch ablaufen soll. Stift und Papier sollen dann dank elektronischen Datenaustausches und elektronischer Akte nicht mehr nötig sein. Geplant ist auch ein barrierefreier Onlinezugang für Soldatinnen und Soldaten, um ihre Ansprüche überall und auf unkomplizierte Weise geltend machen zu können.

Wann genau die Digitalisierung abgeschlossen ist, kann derzeit aber noch nicht gesagt werden.

12. Praxistipps

12. Praxistipps

12.1 Wechsel der Zuständigkeit

Mit dem SEG treten für die Bearbeitung und Behandlung von Fällen der Wehrdienstbeschädigung in der Praxis ganz erhebliche Veränderungen ein. War es bis zum 31.12.2024 ausschließlich die Bundeswehr, die für die Erbringung der Versorgungsleistungen zuständig war, ist die Zuständigkeit für viele Leistungen ab dem 1.1.2025 auf die Unfallversicherung Bund und Bahn (UVB) übertragen worden.

12.2 Zuständigkeit der UVB

Für die medizinische Versorgung von geschädigten Personen, die aus dem Wehrdienst ausgeschieden sind, wird ab 2025 die UVB im Rahmen einer Auftragsverwaltung tätig. Die Unfallversicherung bringt ihre Spezialisierung im Bereich medizinischer Leistungen bei Arbeitsunfällen ein, um eine fachgerechte und effektive Versorgung sicherzustellen. Zu ihren Aufgaben gehören die Bereitstellung, Überwachung und Steuerung des Heilverfahrens, die Beratung und Unterstützung der Betroffenen sowie die Kostenabwicklung und ggf. die Unterstützung bei der Rückkehr an den Arbeitsplatz.

Zusätzlich darf die UVB mit Zustimmung des Bundesverteidigungsministeriums die Berechnung und Auszahlung des Krankengeldes ganz oder teilweise an andere Sozialleistungsträger, etwa die gesetzlichen Krankenkassen, übertragen.

Die Bundeswehrverwaltung bleibt aber auch in den oben genannten Fällen für die Feststellung von Wehrdienstbeschädigungen, die Bewertung des GdS und die Ausstellung entsprechender Bescheide verantwortlich. Auch für die Soziale Teilhabe der Versorgungsberechtigten, die Kostenerstattung für selbstbeschaffte Maßnahmen, die Bearbeitung bei dauerhaftem Aufenthalt oder Wohnsitz im Ausland und das Fallmanagement bleibt die Bundeswehr zuständig.

12.3 Der Durchgangsarzt (D-Arzt)

Leistungen nach dem SEG werden, außer bei aktiven Soldatinnen und Soldaten, nur auf Antrag erbracht.

12.3.1 Grundsatz: Kein Antrag erforderlich

Für die von der UVB erbrachten Leistungen ist kein formeller Antrag erforderlich. Sobald sich die betroffene Person bei einem Durchgangsarzt (D-Arzt) oder Facharzt vorstellt oder eine Verordnung in einem Sanitätshaus oder einer Apotheke abgibt, geht die UVB davon aus, dass diese Leistungen gewünscht werden und leitet die notwendigen Schritte ein. Auch ein Behandlungsschein o. Ä. ist nicht mehr erforderlich. Ärzte, die für die Behandlung im Rahmen der Wehrdienstbeschädigung zuständig sind, rechnen ihre Leistungen direkt mit der UVB ab, da sie mit dem berufsgenossenschaftlichen Heilverfahren vertraut sind. Die UVB übernimmt ausschließlich Kosten für Leistungen, die im Zusammenhang mit der anerkannten Wehrdienstbeschädigung stehen. Daher sollte den Ärzten eine Kopie des Bescheides über die anerkannten Schädigungsfolgen vorgelegt werden, um klarzustellen, welche Leistungen abrechnungsfähig sind.

Krankheiten, die nicht auf die Wehrdienstbeschädigung zurückzuführen sind, fallen weiterhin in den Zuständigkeitsbereich der Krankenversicherung oder der Beihilfestelle.

12.3.2 Ausnahme: Psychotherapie

Eine Ausnahme vom Grundsatz der Entbehrlichkeit eines Antrags bildet die Psychotherapie: Hier ist ein ausführlicher Antrag durch das therapeutische Fachpersonal nötig, der Angaben zu Umfang und Ziel der Therapie enthält. Ein separater Antrag der betroffenen Person ist dabei nicht erforderlich; der Bericht des Therapeuten reicht aus.

Damit wird auch im Bereich der Soldatenentschädigung nun das sog. Psychotherapeutenverfahren angewendet, um sicherzustellen, dass Betroffene ab der Erstbehandlung bis zur beruflichen und sozialen Reintegration unterstützt werden. Hierbei wird besonderer Wert auf die Qualifikation der Therapeuten gelegt: Eine Teilnahme setzt Fortbildungen in leitliniengerechter Diagnostik, Behandlung typischer psychischer Störungen nach Arbeitsunfällen und Berufskrankheiten sowie in traumatherapeutischen Verfahren voraus. Zudem müssen die Therapeutinnen und Therapeuten praktische Erfahrung im Umgang mit traumatisierten Patienten nachweisen.

Bereits genehmigte psychotherapeutische Behandlungen können im bisherigen Umfang weitergeführt werden, um das bestehende Vertrauensverhältnis nicht zu stören. Ein Wechsel zu einem anderen Therapeuten ist ab dem 1.1.2025 nur dann notwendig, wenn Betroffene dies ausdrücklich wünschen; andernfalls können die genehmigten Sitzungen ohne erneute Kostenübernahme durch die UVB fortgesetzt werden.

Falls Betroffene erstmals therapeutische Hilfe suchen oder ihren Therapeuten wechseln möchten, wird empfohlen, eine Fachperson auszuwählen, die am Psychotherapeutenverfahren teilnimmt. Eine

Therapeutensuche ist über das Onlineportal der Landesverbände der Deutschen gesetzlichen Unfallversicherung möglich: https://diva-online.dguv.de/diva-online/?typ=psychotherapie.

12.3.3 Vorstellungspflicht

D-Ärzte, meist Unfallchirurgen, sind speziell zugelassene Fachärzte, die von den Landesverbänden der Deutschen Gesetzlichen Unfallversicherung (DGUV) genehmigt wurden und bestimmte Anforderungen in Bezug auf Qualifikation und Ausstattung erfüllen müssen. Sie sind zudem an vertragliche Pflichten, wie z. B. Berichterstattung, gebunden.

Eine Pflicht zur Vorstellung beim D-Arzt besteht grundsätzlich nur bei längerem Behandlungsbedarf. Bei Wehrdienstbeschädigungen im Rahmen des SEG wird eine Vorstellungspflicht beim D-Arzt die Regel sein, da diese Fälle meist laufende Behandlungen oder wiederkehrende Beschwerden betreffen. Der D-Arzt koordiniert das Heilverfahren und kann die Behandlung direkt durchführen oder Heilmittel verordnen.

Ausnahmen von der Vorstellungspflicht gelten für Wehrdienstbeschädigungen ohne unfallchirurgische Folgen, etwa bei Berufskrankheiten, neurologischen Erkrankungen, Hautkrankheiten oder Augenverletzungen. In solchen Fällen ist ein anderer Facharzt oder die UVB zuständig. Abweichungen vom D-Arzt-Verfahren können nur von der UVB genehmigt werden.

12.3.4 Ablauf

Bei der Terminvereinbarung sollten Sie erwähnen, dass der Termin in Zusammenhang mit Ihren Wehrdienstbeschädigungsfolgen steht. Beim ersten Termin ist es wichtig, dem behandelnden D-Arzt oder Facharzt eine Kopie des Bescheids über die anerkannten Schädigungsfolgen vorzulegen, damit der Arzt die genaue Diagnose und damit den Umfang der Behandlungen zu Lasten der UVB nachvollziehen kann.

Der D-Arzt oder Facharzt übernimmt anschließend die Koordination des Heilverfahrens: Er führt die Behandlung durch, stellt Rezepte für Arznei-, Heil- und Hilfsmittel aus, verordnet notwendige Therapien und stellt bei Bedarf Arbeitsunfähigkeitsbescheinigungen aus. Darüber hinaus kann der D-Arzt die Überweisung an andere Fachärzte veranlassen und notwendige medizinische Hilfsmittel und Therapiemaßnahmen verschreiben, ohne dass zusätzliche Anträge erforderlich sind. Damit deckt der D-Arzt auch die bürokratische Abwicklung ab.

Falls eine Vorstellung beim D-Arzt aufgrund von Schädigungsfolgen erforderlich war, galt ab dem 1.1.2025 eine Übergangsfrist von drei Monaten, in der weiterhin Verordnungen und Ähnliches vom bisher behandelnden Arzt erhalten werden konnte. Ausgenommen waren größere Hilfsmittel wie Prothesen oder Rollstühle, stationäre Heilverfahren und umfangreiche Therapien. Seit dem 1.4.2025 ist die Vorstellung beim D-Arzt oder einem Facharzt verpflichtend.

Eine D-Arzt-Suche ist über das Onlineportal der Landesverbände der Deutschen Gesetzlichen Unfallversicherung möglich: https://diva-online.dguv.de/diva-online/?typ=d-arzt-verfahren.

12.4 Akteneinsicht

Sobald ein Verfahren über die Anerkennung einer Wehrdienstbeschädigung oder über Leistungen nach dem SEG läuft, hat die betroffene Soldatin bzw. oder der betroffene Soldat Anspruch auf Akteneinsicht in die sog. WDB-Akte.

Das Recht auf Akteneinsicht ermöglicht es den Beteiligten, sich genau über den Sachverhalt und die rechtliche Situation zu informieren. Durch die Einsicht in die Akten können die für die Entscheidung relevanten Informationen eingesehen werden, beispielsweise Zeugenaussagen oder Sachverständigengutachten. Damit erhalten die Beteiligten die notwendigen Kenntnisse, um mit der Bundeswehr auf Augenhöhe zu agieren, um ihre Rechte effektiv ausüben zu können und Einfluss auf den Verfahrensausgang zu nehmen.

Die Bundeswehr ist zur Gestattung der Akteneinsicht nur dann nicht verpflichtet, soweit die Vorgänge wegen der berechtigten Interessen der Beteiligten oder dritter Personen geheim gehalten werden müssen.

Soweit Akteneinsicht bewilligt wird, können die Beteiligten Auszüge oder Abschriften selbst fertigen oder sich Ablichtungen durch die Behörde erstellen lassen. Soweit Akteneinsicht in eine elektronische Akte zu gestatten ist, kann die Bundeswehr Akteneinsicht gewähren, indem sie Unterlagen ganz oder teilweise ausdruckt, elektronische Dokumente auf einem Bildschirm wiedergibt, elektronische Dokumente zur Verfügung stellt oder den elektronischen Zugriff auf den Inhalt der Akte gestattet. Erlaubt ist auch das Einscannen der Akte durch die Soldatin oder den Soldaten mittels eines Smartphones oder Tablets.

12.5 Grad der Behinderung (GdB)

Der Grad der Schädigungsfolgen (GdS) wird auch als Grad der Behinderung (GdB) anerkannt. Der GdB, dessen Höhe üblicherweise mindestens der Höhe des GdS entspricht, kann, abhängig von seiner Höhe, mit zusätzlichen Vorteilen verbunden sein.

12.5.1 Behinderung und Schwerbehinderung

Bestimmte Rechte sind auch davon abhängig, ob die betroffene Person behindert oder schwerbehindert ist. Menschen mit Behinderungen sind Menschen, die körperliche, seelische, geistige oder Sinnesbeeinträchtigungen haben, die sie in Wechselwirkung mit einstellungs- und umweltbedingten Barrieren an der gleichberechtigten Teilhabe an der Gesellschaft mit hoher Wahrscheinlichkeit länger als sechs Monate hindern können. Menschen sind schwerbehindert, wenn bei ihnen ein GdB von wenigstens 50 vorliegt und sie ihren Wohnsitz, ihren gewöhnlichen Aufenthalt oder ihre Beschäftigung auf einem Arbeitsplatz rechtmäßig in Deutschland haben.

Zuständig für die Feststellung des GdB ist nicht die Bundeswehrverwaltung, sondern das jeweilige Versorgungsamt.

12.5.2 Wichtige Rechte

Die Rechte behinderter Menschen sind nicht einheitlich geregelt. Die Rechte ergeben sich aus diversen Verordnungen und Gesetzen, etwa dem SGB VI, dem SGB IX oder dem Einkommensteuergesetz (EStG).

Nachfolgend finden Sie die praktisch bedeutsamsten Rechte und Ansprüche.

Arbeit und Beruf	Anspruch auf Freistellung von Mehrarbeit: Schwerbehinderte Menschen werden auf ihr Verlangen von Mehrarbeit freigestellt.
	Anspruch auf Teilzeitarbeit: Schwerbehinderte Menschen haben einen Anspruch auf Teilzeitbeschäftigung, wenn die kürzere Arbeitszeit wegen Art oder Schwere der Behinderung notwendig ist.
	Anspruch auf zusätzlichen Urlaub: Schwerbehinderte Menschen haben in der Regel Anspruch auf einen bezahlten zusätzlichen Urlaub von fünf Arbeitstagen im Urlaubsjahr.

	Begleitende Hilfen: Leistungen zur begleitenden Hilfe im Arbeitsleben können erbracht werden für technische Arbeitshilfen, zum Erreichen des Arbeitsplatzes, zur Gründung und Erhaltung einer selbständigen beruflichen Existenz, zur Beschaffung, Ausstattung und Erhaltung einer behinderungsgerechten Wohnung, zur Teilnahme an Maßnahmen zur Erhaltung und Erweiterung beruflicher Kenntnisse und Fertigkeiten und in besonderen Lebenslagen.
	Kündigungsschutz: Die Kündigung des Arbeitsverhältnisses eines schwerbehinderten Menschen durch den Arbeitgeber bedarf der vorherigen Zustimmung des Integrationsamtes und der Beteiligung einer bestehenden Schwerbehindertenvertretung.
	Schwerbehindertenvertretung: In Betrieben und Dienststellen, in denen wenigstens fünf schwerbehinderte oder gleichgestellte Menschen nicht nur vorübergehend beschäftigt sind, kann eine Schwerbehindertenvertretung gewählt werden.
Krankenversicherung	Beitritt zur freiwillig gesetzlichen Krankenversicherung: Schwerbehinderte Menschen können der gesetzlichen Krankenversicherung beitreten, wenn sie, ein Elternteil, ihr Ehegatte oder ihr Lebenspartner in den letzten fünf Jahren vor dem Beitritt mindestens drei Jahre versichert waren, es sei denn, sie konnten wegen ihrer Behinderung diese Voraussetzung nicht erfüllen.
	Anspruch auf Familienversicherung: Kinder sind ohne Altersgrenze versichert, wenn sie als behinderte Menschen außerstande sind, sich selbst zu unterhalten.
	Verringerung der Zuzahlungen: Für chronisch Kranke, die wegen derselben schwerwiegenden Krankheit in Dauerbehandlung sind, betragen sie nur 1 % der jährlichen Bruttoeinnahmen zum Lebensunterhalt.
Rente	Vorzeitige Altersrente: Versicherte haben – abhängig vom jeweiligen Geburtsdatum – Anspruch auf Altersrente für schwerbehinderte Menschen, wenn sie das 63. bis 65. Lebensjahr vollendet haben, bei Beginn der Altersrente als schwerbehinderte Menschen anerkannt sind und die Wartezeit von 35 Jahren erfüllt haben; die vorzeitige Inanspruchnahme ist – abhängig vom jeweiligen Geburtsdatum – nach Vollendung des 60. bis 62. Lebensjahres möglich.

Steuern	Behinderten-Pauschbetrag: Wegen der Aufwendungen für die Hilfe bei den gewöhnichen und regelmäßig wiederkehrenden Verrichtungen des täglichen Lebens, für die Pflege sowie für einen erhöhten Wäschebedarf können behinderte Menschen einen von der Höhe des GdB abhängigen Pauschbetrag geltend machen.
	Pflege-Pauschbetrag: Wegen der außergewöhnlichen Belastungen, die einem Steuerpflichtigen durch die Pflege einer Person erwachsen, die nicht nur vorübergehend hilflos ist, kann er anstelle einer Steuerermäßigung nach § 33 EStG einen Pauschbetrag geltend machen, wenn er dafür keine Einnahmen erhält.
Auto und Verkehr	Freifahrt: Behinderte Menschen können unter bestimmten Umständen den ÖPNV kostenlos nutzen, bei Bedarf auch zusammen mit einer Begleitperson.
	Parkerleichterungen: Bei Vorliegen bestimmter Behinderungen können Betroffene von ihrer Stadt- oder Gemeindeverwaltung einen Parkausweis erhalten, mit dem sie auf Behindertenparkplätzen parken dürfen.

12.6 Dienstunfähigkeit

Gerade bei gravierenderen Wehrdienstbeschädigungen stellen sich betroffene Soldatinnen und Soldaten oft die Frage, ob das WDB-Verfahren neben positiven Folgen, wie Entschädigungsansprüchen, auch zu negativen Konsequenzen führen kann, insbesondere zur Dienstunfähigkeit.

Eine Soldatin oder ein Soldat ist dienstunfähig, wenn sie oder er infolge einer oder mehrerer Gesundheitsstörungen ihrer oder seine Dienstpflichten dauerhaft nicht mehr erfüllen kann. Berufssoldatinnen oder Berufssoldaten werden dann in den Ruhestand versetzt. Zeitsoldatinnen oder Zeitsoldaten werden üblicherweise entlassen.

Ein unmittelbarer Zusammenhang zwischen dem Entschädigungsverfahren und einer Dienstunfähigkeit besteht allerdings nicht. Gleichwohl kann die Bundeswehrverwaltung die Erkenntnisse und Ergebnisse aber berücksichtigen und zum Anlass nehmen, eine Prüfung der Dienstfähigkeit der betroffenen Soldatin oder des betroffenen Soldaten vorzunehmen.

13. Übergangsregelungen

13. Übergangsregelungen

13.1 Abgrenzung

13

Geschädigte Personen, deren Ansprüche nach dem SVG und dem BVG bis zum 31.12.2024 rechtskräftig anerkannt wurden, erhalten diese Leistungen grundsätzlich weiter, jedoch unter den unten genannten Maßgaben des SEG.

Für Anträge ab dem 1.1.2025 gilt das neue Soldatenentschädigungsrecht.

13.2 Nicht entschiedene Anträge bis 31.12.2024

Für Anträge, die bis zum 31.12.2024 gestellt wurden, über die aber bis zum 31.12.2024 noch nicht entschieden wurde, gilt das neue SEG.

Abweichend von diesem Grundsatz wird das SVG angewendet auf einen bis zum 31.12.2024 gestellten und nicht bestandskräftig beschiedenen Antrag auf

- Ausgleichsrente nach den §§ 32, 34, 41 und 47 des BVG,
- Ehegattenzuschlag nach § 33a des BVG,
- Kinderzuschlag nach § 33b des BVG,
- Schadensausgleich nach § 40a des BVG oder
- die in § 84 SEG genannten befristeten Geldleistungen oder befristeten Sachleistungen.

Bestandskräftig beschieden ist ein Antrag, wenn Widerspruch und Klage nicht mehr möglich sind.

13.3 Ausnahmen bei bis zum 31.12.2024 entschiedenen Anträgen

Geschädigte Personen, deren Ansprüche nach dem alten SVG und dem BVG bis zum 31.12.2024 rechtskräftig anerkannt wurden, erhalten diese Leistungen grundsätzlich weiter, jedoch nach den Maßgaben des neuen SEG.

13.3.1 Heil- und Krankenbehandlung

Geschädigte Personen, deren Anspruch auf Heilbehandlung nach dem SVG in Verbindung mit dem BVG bereits unanfechtbar festgestellt wurde, erhalten ab Inkrafttreten des SEG ausschließlich Leistungen der medizinischen Versorgung nach den neuen Bestimmungen des SEG. Bestandskräftig bis zum 31.12.2024 bewilligte Leistungen der Heil- oder Krankenbehandlung werden aber auch nach Inkrafttreten des SEG weiterhin auf Grundlage des bisherigen Rechts erbracht, jedoch längstens bis zum 31.12.2025.

Personen, die bis zum Inkrafttreten des SEG Heil- oder Krankenbehandlungen für Nichtschädigungsfolgen nach altem Recht erhalten haben, sind weiterhin umfassend gegen Krankheitsrisiken abgesichert. Sie bekommen ab 2025 Leistungen in gleichem Umfang wie gesetzlich Krankenversicherte.

13.3.2 Berufsschadensausgleich

Personen, deren Anspruch auf Berufsschadensausgleich nach § 30 BVG in der bis zum 1.12.2023 geltenden Fassung festgestellt worden ist, erhalten ab dem 1.1.2025 den Berufsschadensausgleich nach dem SGB XIV weiter, da die dortige Regelung dem bisherigen Berufsschadensausgleich sehr ähnlich ist, und nicht den Erwerbsschadensausgleich nach dem SEG.

13.3.3 Einkommensunabhängige Geldleistungen

Personen, die im Dezember 2024 folgende einkommensunabhängige Geldleistungen beziehen, erhalten einen monatlichen Gesamtbetrag, der sich aus der Summe dieser Geldleistungen ergibt:

- Grundrente,
- Alterszulage,
- Schwerstbeschädigtenzulage,
- Hinterbliebenenrente und
- Pflegeausgleich.

13.3.4 Einkommensabhängige Geldleistungen

Personen, die im Dezember 2024 folgende einkommensabhängige Geldleistungen beziehen, erhalten einen monatlichen Gesamtbetrag, der sich aus der um 25 Prozent erhöhten Summe dieser Geldleistungen ergibt:

- Ausgleichsrente,
- Ehegattenzuschlag,

- Kinderzuschlag,
- Schadensausgleich und
- Elternrente.

13.3.5 Witwen- und Waisenbeihilfe

Personen, die im Dezember 2024 Witwen- oder Waisenbeihilfe beziehen, erhalten ab dem 1.1.2025 monatlich 125 Prozent dieser Geldleistungen.

13.3.6 Befristete Leistungen

Personen, die nach dem BVG noch befristete Leistungen erhalten, können bis zum 31.12.2033 auch eine Weiterbewilligung dieser Leistungen erhalten. Sie erhalten also zur Vermeidung einer Schlechterstellung durch die neue Rechtslage Besitzstandsschutz. Gemeint sind damit insbesondere:

- Hilfe zur Pflege,
- Leistungen zur Weiterführung des Haushalts,
- Erziehungsbeihilfe,
- ergänzende Hilfe zum Lebensunterhalt und
- Eingliederungshilfe für Menschen mit Behinderungen.

Voraussetzung ist, dass die betroffene Person den Antrag auf Weiterbewilligung binnen zwei Wochen nach Ablauf der Befristung stellt. Der Besitzstandsschutz gilt dabei nicht nur für die erste Weiterbewilligung, sondern auch für nachfolgende Anträge, sofern alle weiteren Bedingungen erfüllt sind.

Soweit die Weiterbewilligung der Leistung für Zeiten ab dem 1.1.2024 beantragt wird, richtet sich der Einsatz von Einkommen und Vermögen nach dem BVG und nach der Verordnung zur Kriegsopferfürsorge mit der Maßgabe, dass die Einkommensfreibeträge sich nicht mehr nach dem BVG richten, sondern nach dem SGB XIV.

13.4 Wahlrecht

Anstelle der einkommensabhängigen Leistungen, Witwen- und Waisenbeihilfe sowie befristeten Leistungen nach dem BVG, also Ausgleichsrente, Ehegattenzuschlag, Kinderzuschlag, Schadensausgleich, Elternrente, Hilfe zur Pflege, Leistungen zur Weiterführung des Haushalts, Erziehungsbeihilfe, ergänzende Hilfe zum Lebensunterhalt und Eingliederungshilfe für Menschen mit Behinderungen, können Personen, deren Ansprüche nach dem SVG in Verbindung mit dem BVG in der bis zum 31.12.2023 geltenden Fassung vor dem 1.1.2025 bestandskräftig festgestellt worden sind, auch Geldleistungen nach dem SEG erhalten, konkret

- Ausgleich für gesundheitliche Schädigungen,
- Abfindung,
- Ausgleichszahlung an Witwen und Witwer,
- Ausgleichszahlung an Waisen,
- Ausgleichszahlung an Eltern und
- LTA für Witwen und Witwer.

In diesem Fall gelten die bisher anerkannten Schädigungsfolgen sowie die Bemessung des GdS für die Entscheidung über die Leistungen als rechtsverbindlich festgestellt.

Das Wahlrecht ist grundsätzlich spätestens bis zum 31.12.2025 auszuüben.

Wird über einen vor dem 1.1.2025 gestellten Antrag im Laufe des Jahres 2025 entschieden, ist das Wahlrecht spätestens sechs Monate nach der Bestandskraft der Entscheidung auszuüben, aber auch hier spätestens bis zum 31.12.2025.

Die Wahlentscheidung ist unwiderruflich, bedarf der Schriftform, d. h., sie muss unterschrieben sein, und ist gegenüber der Bundeswehrverwaltung zu erklären.

13.5 Nichtanrechnung auf andere Leistungen

Die einkommensabhängige und -unabhängige Geldleistung sowie die Witwen- und Waisenbeihilfe bleibt bei anderen Sozialleistungen als Einkommen unberücksichtigt, soweit sie den Betrag einer Grundrente nach dem BVG in der am 31.12.2023 geltenden Fassung nach einem GdS von 100 zuzüglich etwaiger zwischenzeitlicher Anpassungen nicht überschreitet. Anpassungen finden üblicherweise einmal jährlich statt.

Zum 1.1.2025 beläuft sich der Freibetrag auf 1.165 Euro.

14. Rechtsschutz

14. Rechtsschutz

14.1 Möglichkeiten des Rechtsschutzes

14

Im Bereich der Soldatenentschädigung sind Rechtsschutzmaßnahmen gegen jede belastende Entscheidung der Bundeswehr, konkret des Bundesamts für das Personalwesen der Bundeswehr in Düsseldorf, möglich. Niemand muss also ihm nachteilige Entscheidungen ohne Weiteres akzeptieren. In der Praxis wird Rechtsschutz beispielsweise erforderlich, wenn

- ein Gesundheitsschaden nicht als Wehrdienstbeschädigung anerkannt wird,
- eine Gesundheitsstörung nicht als Folge einer Wehrdienstbeschädigung anerkannt wird,
- der GdS aufgrund der Folgen einer Wehrdienstbeschädigung zu niedrig bemessen wird,
- medizinische Leistungen nicht erbracht werden oder
- Teilhabeleistungen abgelehnt werden.

Realisiert wird der Rechtsschutz im Soldatenentschädigungsrecht zunächst durch das behördliche Widerspruchsverfahren und dann ggf. das sozialgerichtliche Klageverfahren.

Keine Rechtsbehelfe im eigentlichen Sinn, aber sehr nützlich sind die Untätigkeitsklage, der Antrag auf nachträgliche Überprüfung und der Vorschussantrag.

14.2 Widerspruch

Gegen missliebige Entscheidungen des Bundesamts für das Personalwesen der Bundeswehr kann im ersten Schritt Widerspruch erhoben werden.

14.2.1 Widerspruchsverfahren

Im Widerspruchsverfahren werden Rechtmäßigkeit und Zweckmäßigkeit der Entscheidung nochmals überprüft. Der Widerspruch ist binnen eines Monats, nachdem der Bescheid dem Betroffenen bekanntgegeben worden ist, schriftlich oder zur Niederschrift bei der Stelle einzureichen, die den Verwaltungsakt erlassen hat, also in der Regel beim Bundesamt für das Personalwesen der Bundeswehr. Dagegen beträgt die Frist bei Bekanntgabe im Ausland drei Monate. Die Widerspruchserhebung ist auch in elektronischer Form möglich, wenn das elektronische Schriftstück mit einer qualifizierten elektronischen Signatur versehen ist. Eine einfache E-Mail ist also nicht ausreichend. Aus Beweisgründen empfiehlt sich eine Versandart, bei der der Zugang ggfls. nachgewiesen werden kann, also etwa ein Versand als Einwurf-Einschreiben oder vorab per Telefax.

War jemand ohne sein Verschulden gehindert, den Widerspruch fristgerecht einzulegen, z. B. wegen eines Krankenhausaufenthalts, ist ihm auf Antrag Wiedereinsetzung in den vorigen Stand zu gewähren. Der Antrag ist binnen eines Monats nach Wegfall des Hindernisses zu stellen. Die Tatsachen zur Begründung des Antrags sollen glaubhaft gemacht werden. Innerhalb der Antragsfrist ist die Widerspruchseinlegung nachzuholen.

Ein Beteiligter kann sich im Widerspruchsverfahren durch einen Rechtsanwalt vertreten lassen.

Die Behörde hat insoweit auch Einsicht in die das Verfahren betreffenden Akten zu gestatten, soweit deren Kenntnis zur Geltendmachung oder Verteidigung ihrer rechtlichen Interessen erforderlich ist. Dies wird oftmals der Fall sein, da nur nach vollständiger Akteneinsicht eine seriöse Beurteilung der Sach- und Rechtslage möglich ist.

Wird der Widerspruch für begründet erachtet, d.h. ist der angefochtene Bescheid rechtswidrig oder nicht zweckmäßig, ist ihm abzuhelfen und es ergeht ein Abhilfebescheid.

Wird dem Widerspruch nicht abgeholfen, so ergeht ein Widerspruchsbescheid.

Der Widerspruch muss nicht begründet werden. In der Regel ist eine Begründung aber empfehlenswert, da zum einen so der Bundeswehrverwaltung die Angriffsrichtung aufgezeigt wird, z. B. die Fehlerhaftigkeit einer medizinischen Einschätzung oder einer Rechtsansicht, und zum anderen dem vorgebeugt wird, dass die Behörde den Widerspruch als unbegründet zurückweist und lediglich auf die „zutreffende Begründung" im Ausgangsbescheid verweist.

Im Widerspruchsverfahren kann das Bundesamt den Sachverhalt weiter ermitteln, etwa bestimmte Auskünfte einholen, Zeugen vernehmen oder Akten aus anderen Verfahren beiziehen. Besonders häufig werden medizinische Stellungnahmen oder Sachverständigengutachten eingeholt, insbesondere wenn es um die Beantwortung der Frage geht, ob eine Gesundheitsstörung Folge einer Wehrdienstbeschädigung ist oder nicht.

Soweit der Widerspruch erfolgreich ist, hat die Bundeswehr die zur zweckentsprechenden Rechtsverfolgung oder Rechtsverteidigung notwendigen Aufwendungen zu erstatten. Die Gebühren und Auslagen eines Rechtsanwalts oder eines sonstigen Bevollmächtigten im Vorverfahren sind erstattungsfähig, wenn die Zuziehung eines Bevollmächtigten notwendig war, was in aller Regel der Fall ist.

14.2.2 Muster-Widerspruch

Vorname Name des Soldaten, Hinterbliebenen ... Ort, Datum
Straße Hausnummer
PLZ Ort

Einwurfeinschreiben
An das
Bundesamt für das Personalmanagement der Bundeswehr
Wilhelm-Raabe-Straße 46
40470 Düsseldorf

PK-Nummer 0123456789

Sehr geehrte Damen und Herren,

ich erhebe hiermit gegen Ihren Bescheid vom 2.1.2025, mir zugestellt am 5.1.2025,

Widerspruch.

Die Widerspruchsbegründung erfolgt gesondert. Bitte bestätigen Sie mir den Eingang des Widerspruchs.

Mit freundlichen Grüßen

Unterschrift

14

14.3 Klage

Das Verfahren der sozialgerichtlichen Klage bietet denjenigen Rechtsschutz, die einen behördlichen Bescheid im Bereich des Soldatenentschädigungsrechts anfechten möchten, wenn der vorgeschaltete Widerspruch erfolglos geblieben ist. Es bietet eine gerichtliche Überprüfung der Entscheidung und gibt der klagenden Person die Möglichkeit, ihre Interessen vor einem neutralen Gericht geltend zu machen. Das sozialgerichtliche Klageverfahren ist auch effektiv, dauert aber zumeist sehr lange. Eine Verfahrensdauer von eineinhalb bis zwei Jahren in erster Instanz ist keine Seltenheit.

14.3.1 Klageerhebung und Klagearten

Die sozialgerichtliche Klage muss innerhalb eines Monats nach Zustellung des Widerspruchsbescheids erhoben werden. Diese Frist beträgt drei Monate, wenn die Zustellung im Ausland erfolgt. Die Klage ist schriftlich oder zur Niederschrift bei der Geschäftsstelle des zuständigen Sozialgerichts einzureichen. Sie muss folgende Punkte enthalten: die Angaben des Klägers und des Beklagten, den Gegenstand des Klagebegehrens und möglichst einen bestimmten Antrag. Beklagte ist in der Regel die Bundesrepublik Deutschland, vertreten durch den Bundesminister der Verteidigung, der wiederum durch das Bundesamt für das Personalmanagement der Bundeswehr vertreten wird.

Relevant ist auch die Anfügung des Widerspruchsbescheids und der angefochtenen Entscheidung der Bundeswehr in Urschrift oder Abschrift.

Es gibt mehrere Klagearten im Sozialgerichtsverfahren:

- Anfechtungsklage: Sie wird erhoben, wenn die klagende Person die Aufhebung eines Verwaltungsaktes oder dessen Änderung anstrebt. Dies könnte z. B. ein Bescheid über eine Aufhebung bislang gewährten Ausgleichs für gesundheitliche Schädigungsfolgen sein, die von der Bundeswehr mit einer angeblichen Besserung im Gesundheitszustand und damit einer Verringerung des GdS begründet wird.
- Verpflichtungsklage: Sie richtet sich darauf, die Behörde zum Erlass eines abgelehnten Verwaltungsaktes zu verpflichten, etwa wenn durch das Bundesamt für das Personalmanagement der Bundeswehr abgelehnt wurde, wegen einer gesundheitlichen Schädigung einen (höheren) GdS festzustellen.

- Feststellungsklage: Diese Klage zielt darauf ab, bestimmte rechtliche Verhältnisse festzustellen. Beispielsweise kann sie klären, ob eine Gesundheitsstörung als Folge einer Wehrdienstbeschädigung anzuerkennen ist.

Die Klage kann auch elektronisch eingereicht werden, allerdings nur auf einem sicheren Übermittlungsweg oder mit einer qualifizierten elektronischen Signatur. Beispiele für zugelassene Wege sind der Versand über ein besonderes elektronisches Anwaltspostfach (beA) oder ein De-Mail-Konto mit bestätigter sicherer Anmeldung. Die Übermittlung per einfacher E-Mail erfüllt die Anforderungen an eine verfahrenswirksame Klageerhebung nicht.

Die Klage soll weiterhin mit einer Begründung versehen sein, die die relevanten Tatsachen und Beweismittel benennt.

14.3.2 Zuständigkeit und Instanzen

Die Klageerhebung erfolgt beim für den Wohnort des Klägers zuständigen Sozialgericht. In der zweiten Instanz ist das Landessozialgericht für Berufungen und Beschwerden zuständig. Das Bundessozialgericht in Kassel ist die höchste Instanz und entscheidet über zugelassene Revisionen; zudem entscheidet das Bundessozialgericht schon als erste Instanz über Klagen von Soldatinnen und Soldaten, die dem Bundesnachrichtendienst angehören oder angehört haben, und deren Hinterbliebenen.

14.3.3 Ablauf des Sozialgerichtsprozesses

Das Verfahren beginnt mit der Einreichung der Klageschrift. Nach Eingang prüft das Gericht, ob alle formalen Voraussetzungen erfüllt sind, und fordert die beklagte Behörde zur Stellungnahme auf. Diese legt in der Regel eine schriftliche Erwiderung vor, in der sie ihre Sichtweise und die Gründe für den erlassenen Bescheid darlegt.

Im Sozialgerichtsverfahren gilt grundsätzlich der Amtsermittlungsgrundsatz. Das bedeutet, dass das Gericht den Sachverhalt eigenständig untersucht und – anders als etwa in einem Zivilprozess – sich nicht nur auf die Vorträge der Beteiligten stützt. Hierdurch wird sichergestellt, dass alle relevanten Fakten berücksichtigt werden, selbst wenn sie von den Beteiligten nicht vollständig vorgetragen wurden.

Während des Verfahrens können verschiedene Beweismittel herangezogen werden. Das Gericht hat das Recht, Urkunden, medizinische Unterlagen, Gutachten und sonstige Beweise anzufordern. Bei Bedarf können Zeugen und Sachverständige vernommen werden. Der Kläger bzw. die Klägerin hat das Recht, Anträge zu stellen und Beweise einzubringen, muss jedoch nicht zwangsläufig Beweismittel beibringen, da das Gericht von sich aus ermittelt.

Im Sozialgerichtsprozess haben die Beteiligten einen umfassenden Anspruch auf rechtliches Gehör. Dies bedeutet, dass Sie vor jeder Entscheidung des Gerichts ihre Argumente vorbringen dürfen. Sie haben zudem Anspruch auf Akteneinsicht, d. h., sie können alle Akten des Gerichts und der Bundeswehr einsehen, die für den Fall relevant sind. Anwälte dürfen die Akten in der Regel mit in ihre Kanzlei nehmen, um sie dort ungestört zu prüfen bzw. erhalten die Akten auf elektronischem Wege.

Eine mündliche Verhandlung ist in den meisten Fällen üblich. Diese beginnt mit einer Darstellung des Sachverhalts durch das Gericht. Anschließend erhalten die Beteiligten die Gelegenheit, ihre Argumente darzulegen. Der Vorsitzende Richter hat dabei die Aufgabe, den Sachverhalt mit den Beteiligten zu erörtern, sodass alle relevanten Tatsachen beleuchtet werden. In der mündlichen Verhandlung wird oft auch die Möglichkeit eines gerichtlichen Vergleichs geprüft, durch den die Beteiligten die Streitigkeit ohne Urteil beilegen können. Kommt kein Vergleich zustande und erfolgt keine Klagerücknahme oder Anerkenntnis, wird durch Urteil entschieden.

In einfach gelagerten Fällen kann das Gericht auch ohne mündliche Verhandlung durch Gerichtsbescheid entscheiden, wenn keine wesentlichen tatsächlichen oder rechtlichen Fragen offen sind.

14.3.4 Berufung und Revision

Gegen Entscheidungen des Sozialgerichts kann binnen eines Monats nach Zustellung des schriftlichen Urteils Berufung beim Landessozialgericht eingelegt werden. Stehen konkrete Geld-, Dienst- oder Sachleistungen in Streit, muss der Streitwert ab mindestens 750 Euro betragen. In der Berufung werden der Sachverhalt und die rechtliche Bewertung umfassend geprüft. Das Berufungsverfahren ist eine sog. „zweite Tatsacheninstanz", was bedeutet, dass das Gericht auch neue Beweise und Tatsachen berücksichtigen kann.

Die Revision zum Bundessozialgericht ist nur möglich, wenn sie zugelassen wurde und die Rechtssache grundsätzliche Bedeutung hat oder das Urteil von Entscheidungen höherer Gerichte abweicht. Die Revision muss innerhalb eines Monats nach Zustellung des Berufungsurteils eingereicht werden und erfordert eine detaillierte Begründung. Falls die Revision nicht zugelassen wird, kann dies selbständig mit der Nichtzulassungsbeschwerde angefochten werden, die ebenfalls binnen eines Monats nach Zustellung des Berufungsurteils eingereicht werden muss.

14.3.5 Gerichtskosten

Für Soldatinnen und Soldaten und deren Angehörige und Hinterbliebene ist das Klageverfahren um SEG-Leistungen grundsätzlich gerichtskostenfrei. Gerichtskosten können nur in ganz engen Ausnahmefällen auferlegt werden, wenn das Verfahren erkennbar aussichtslos ist oder die Verfahrensführung missbräuchlich verzögert wurde. Man spricht dann von Mutwillenskosten. Hierbei muss das Gericht jedoch den Beteiligten, dem es die Mutwillenskosten auferlegen will, vorher ausdrücklich darauf hinweisen, sodass dieser darauf noch reagieren kann, um die Kosten zu vermeiden, beispielsweise durch Klagerücknahme.

14.3.6 Muster-Klage

An das
Sozialgericht Regensburg
Safferlingstr. 23
93053 Regensburg

Az. neu

In Sachen

Vorname Name, Straße, PLZ Ort
– Kläger –

gegen

die Bundesrepublik Deutschland, vertreten durch den Bundesminister der Verteidigung, dieser vertreten durch das Bundesamt für das Personalmanagement der Bundeswehr, Wilhelm-Raabe-Straße 46, 40470 Düsseldorf
– Beklagte –

wegen SEG

erhebe ich

Klage

gegen den Bescheid der Beklagten vom 15.9.2024 in Gestalt des Widerspruchsbescheids vom 8.12.2024. Zur Klagebegründung wird gesondert ausgeführt werden.

Ort, Datum

Unterschrift

14.4 Untätigkeitsklage

Eine sozialrechtliche Besonderheit stellt die Untätigkeitsklage dar, die in der Praxis immer wieder erhoben werden muss, um Ansprüche gegen die Bundeswehr durchzusetzen.

14.4.1 Anwendungsbereich

Betroffene kennen die Situation nur zu gut: Das Bundesamt für das Personalmanagement der Bundeswehr arbeitet oftmals nur sehr langsam. Egal ob es um die Entscheidung über einen Antrag geht oder die Entscheidung über einen Widerspruch. Diese werden oft monatelang nicht bearbeitet. Für die betroffenen Soldatinnen und Soldaten, deren Angehörige und Hinterbliebene ist dies aber in vielen Fällen nicht zumutbar, da es vielfach um gesundheitlich oder wirtschaftlich bedeutsame, ja existenzsichernde Ansprüche geht. Nachfragen helfen dann kaum weiter, die Antwort, dass „zeitnah" oder „in Kürze" entschieden würde, ist zwar häufig, aber wenig hilfreich, da es sich doch um sehr dehnbare Zeitangaben handelt.

Effektiver Rechtsschutz kann in diesen Fällen zumeist nur durch Erhebung einer Untätigkeitsklage erreicht werden.

Ist ein Antrag auf Vornahme eines Verwaltungsakts, etwa die Bewilligung einer Ausgleichszahlung oder einer Rehamaßnahme ohne zureichenden Grund in angemessener Frist sachlich nicht beschieden worden, so ist die Untätigkeitsklage nach Ablauf von sechs Monaten seit dem Antrag zulässig. Personalmangel, der gerne angeführt wird als Grund für die lange Bearbeitungsdauer, ist gerade kein zureichender Grund; es handelt sich hier schlicht um ein Organisationsdefizit.

Untätigkeitsklage kann auch erhoben werden, wenn über einen Widerspruch nicht entschieden wird, z. B. über einen Widerspruch gegen die Einstellung der Krankengeldzahlung, jedoch mit der Maßgabe, dass als angemessene Frist eine solche von lediglich drei Monaten gilt.

Die Untätigkeitsklage hat zum Ziel, den zuständigen Sozialleistungsträger zu einer Entscheidung über den Antrag bzw. Widerspruch zu zwingen und so das Verfahren zu beschleunigen. Liegt die Entscheidung dann vor, kann das Sozialverfahren wieder seinen normalen Gang nehmen.

Zuständig auch für Untätigkeitsklagen ist das Sozialgericht.

14.4.2 Muster-Untätigkeitsklage

An das
Sozialgericht Regensburg
Safferlingstr. 23
93053 Regensburg

Az. neu

In Sachen

Vorname Name, Straße, PLZ Ort
– Kläger –

gegen

die Bundesrepublik Deutschland, vertreten durch den Bundesminister der Verteidigung, dieser vertreten durch das Bundesamt für das Personalmanagement der Bundeswehr, Wilhelm-Raabe-Straße 46, 40470 Düsseldorf
– Beklagte –

wegen SEG (Untätigkeitsklage)

erhebe ich

Klage

und beantrage,

die Beklagte zu verurteilen, den Kläger auf den Widerspruch vom 12.9.2024 gegen den Bescheid der Beklagten vom 29.8.2024 unter Beachtung der Rechtsansicht des Gerichts zu bescheiden.

Begründung:

Die Klage ist zulässig und begründet.

Mit Bescheid vom 29.8.2024 teilte die Beklagte dem Kläger mit, dass sein Antrag auf Gewährung einer monatlichen Ausgleichszahlung nach § 11 SEG abgelehnt wurde. Dagegen legte der Kläger mit Datum vom 12.9.2024 Widerspruch ein. Eine Verbescheidung des Widerspruchs ist bis heute jedoch nicht erfolgt. Ein sachlicher Grund hierfür liegt nicht vor. Die Klage ist somit begründet, da die in § 88 SGG vorgesehene Drei-Monats-Frist bereits abgelaufen ist.

Ort, Datum

Unterschrift

14.5 Verschlechterungsantrag

Völlig unabhängig von Widerspruchs- und Klageverfahren – aber nicht minder bedeutend in der Praxis – ist das Verschlechterungs- oder Neufeststellungsverfahren. Dieses kann von Amts wegen oder auf Antrag eingeleitet werden. Eine Neufeststellung von Amts wegen erfolgt aber praktisch kaum, sodass lediglich der Antrag von erheblicher praktischer Bedeutung ist.

14.5.1 Anwendungsbereich

Im Rahmen des SEG haben betroffene Soldatinnen und Soldaten die Möglichkeit, einen Verschlechterungsantrag oder Neufeststellungsantrag zu stellen, wenn sich ihre anerkannten Schädigungsfolgen im Laufe der Zeit verschlimmert haben oder weitere hinzugetreten sind und damit der ursprünglich festgestellte GdS nicht mehr zustandsgerecht ist. Solche Anträge sind daher besonders relevant, wenn es sich um eine gesundheitliche Beeinträchtigung handelt die, wie etwa PTBS, fortschreiten oder sich intensivieren kann.

Der Verschlechterungsantrag ermöglicht es also betroffenen Soldatinnen und Soldaten, ihren GdS neu bewerten zu lassen, falls sich ihre Schädigungsfolgen erheblich verschlimmern. Ein solcher Antrag ist im Allgemeinen dann sinnvoll, wenn neue medizinische Befunde oder eine dokumentierte wesentliche Verschlechterung des Gesundheitszustands vorliegen. Eine Verschlechterung kann sich bei psychischen Krankheiten beispielsweise durch eine quantitative oder qualitative Änderung der auftretenden Symptome äußern, die die ursprüngliche Einstufung nicht mehr ausreichend abdecken.

Ein Verschlechterungsantrag führt zu einer umfassenden Überprüfung durch die Bundeswehr, oft mit Unterstützung eines ärztlichen Gutachtens, das den aktuellen Gesundheitszustand mit dem ursprünglichen Zustand vergleicht, neu bewertet und den Schweregrad der Schädigungsfolgen feststellt.

Der Antrag ist beim Bundesamt für das Personalmanagement der Bundeswehr einzureichen. Die Antragstellung sollte schriftlich erfolgen und idealerweise eine umfassende Begründung enthalten.

Kommt die Überprüfung zu dem Ergebnis, dass der GdS aufgrund der Verschlechterung zu erhöhen ist, wird die entsprechende Anpassung vorgenommen. Damit erhöht sich ggfls. auch die monatliche Ausgleichszahlung, die an den GdS gekoppelt ist. Kommt die Überprüfung nicht zu dem Ergebnis, dass eine wesentliche Verschlechterung eingetreten ist, wird der Antrag abgelehnt.

Falls der Verschlechterungsantrag abgelehnt wird, haben die Betroffenen das Recht, Widerspruch gegen die Entscheidung einzulegen und im Anschluss Klage vor dem Sozialgericht zu erheben.

Der Verschlechterungs- bzw. Neufeststellungsantrag ist somit ein wichtiger Bestandteil des Rechtsschutzes im Soldatenentschädigungsrecht, da er die Möglichkeit gibt, auf gesundheitliche Entwicklungen und deren Auswirkungen auf die Lebensqualität angemessen zu reagieren.

14.5.2 Muster-Verschlechterungsantrag

Vorname Name des Soldaten | Ort, Datum
Straße Hausnummer
PLZ Ort

Einwurfeinschreiben
An das
Bundesamt für das Personalmanagement der Bundeswehr
Wilhelm-Raabe-Straße 46
40470 Düsseldorf

PK-Nummer 0123456789

Sehr geehrte Damen und Herren,

ich beantrage die Neufeststellung der Höhe des mir wegen der im Bescheid vom 5.5.2018 genannten Schädigungsfolgen zustehenden GdS.

Im Bescheid vom 5.5.2018 wurde festgestellt, dass die bei mir vorhandene Angststörung Folge einer Wehrdienstbeschädigung ist und mit einem GdS von 30 bewertet.

Im Vergleich zu den damaligen Verhältnissen hat sich meine Angststörung verschlimmert. Ich leide nicht nur an den damals schon aufgetretenen Symptomen, sondern mittlerweile auch immer wieder an Atemnot und Schwindel sowie an häufigem Harndrang und Schweißausbrüchen. Diese Symptomatik hat sich trotz Intensivierung der ambulanten fachpsychiatrischen Behandlungsmaßnahmen seit 2022, der Aufnahme einer Psychotherapie im Jahr 2023 und einer sechswöchigen stationären Rehabilitationsmaßnahme nicht gebessert, sondern eher verschlechtert.

Zur Dokumentation der Verschlechterung verweise ich auf den als Anlage beigefügten Befundbericht meines behandelnden Facharztes für Psychiatrie, den als Anlage beigefügten Zwischenbericht meiner behandelnden Psychotherapeutin und den Entlassungsbericht meiner stationären Rehabilitationsmaßnahme.

Mit freundlichen Grüßen

Unterschrift

14.6 Nachträglicher Überprüfungsantrag

Gegen einen Verwaltungsakt, eine behördliche Entscheidung, kann der Betroffene Rechtsbehelfe einlegen, beispielsweise Widerspruch und Klage. Unterlässt er dies oder bleiben die Rechtsbehelfe erfolglos, so ist der Verwaltungsakt bestandskräftig, er kann nicht mehr angefochten werden und bindet die Beteiligten. Wird beispielsweise einem Bescheid über die Ablehnung einer monatlichen Ausgleichszahlung nicht rechtzeitig widersprochen oder Klage erhoben, wird die Ablehnung bindend.

14.6.1 Anwendungsbereich

Im Sozialrecht gilt insoweit jedoch mit § 44 SGB X eine bürgerfreundliche Besonderheit, die auch im Bereich des SEG Bestand hat und die es ermöglicht, die Bestandskraft eines Verwaltungsakts nachträglich wieder zu beseitigen: Soweit sich im Einzelfall ergibt, dass bei Erlass eines Verwaltungsaktes das Recht unrichtig angewandt oder von einem Sachverhalt ausgegangen worden ist, der sich als unrichtig erweist, und soweit deshalb Sozialleistungen zu Unrecht nicht erbracht oder Beiträge zu Unrecht erhoben worden sind, ist der Verwaltungsakt, auch nachdem er unanfechtbar geworden ist, mit Wirkung für die Vergangenheit zurückzunehmen.

Dieser sog. nachträgliche Überprüfungsantrag soll den Vorrang materieller Gerechtigkeit vor formeller Bestandskraft und Endgültigkeit gewährleisten. Das nachträgliche Überprüfungsverfahren kann die Bundeswehr zwar von Amts wegen, also ohne entsprechenden Antrag des Betroffenen, einleiten. Regelfall ist jedoch die Stellung eines Antrags. Der Antrag auf nachträgliche Überprüfung kann nicht nur von dem Betroffenen selbst, sondern auch von dessen Rechtsnachfolger, etwa dem Erben nach dem Tod des ursprünglich Betroffenen, gestellt werden.

Voraussetzung eines erfolgreichen nachträglichen Überprüfungsverfahrens ist, dass

- die Bundeswehr von einem falschen Sachverhalt beim Erlass des Bescheids ausgegangen ist oder dabei das Recht falsch angewendet hat; es muss sich also um einen rechtswidrigen Verwaltungsakt handeln,

- deswegen Sozialleistungen (Dienst-, Sach- und Geldleistungen), z. B. Krankengeld, Ausgleichszahlungen oder Teilhabeleistungen rechtswidrig nicht erbracht wurden.

Liegen diese Voraussetzungen vor, ist der zur Überprüfung gestellte Bescheid rückwirkend zugunsten des Betroffenen zu korrigieren, ggf. rückwirkend bis zum Zeitpunkt seines Erlasses. Der Betroffene ist im Falle eines begründeten Überprüfungsantrags also grundsätzlich so zu stellen, als ob bereits bei der ersten Entscheidung rechtmäßig und nicht rechtswidrig entschieden worden wäre. Über die Rücknahme des unanfechtbaren Bescheids nach nachträglicher Überprüfung entscheidet das Bundesamt für das Personalmanagement der Bundeswehr.

Ist ein Verwaltungsakt der Bundeswehr aufgrund eines Antrags auf nachträgliche Überprüfung mit Wirkung für die Vergangenheit zurückgenommen worden, werden Sozialleistungen in der Regel längstens für einen Zeitraum von bis zu vier Jahren vor der Rücknahme erbracht. Dabei wird der Zeitpunkt der Rücknahme von Beginn des Jahres an gerechnet, in dem der Verwaltungsakt zurückgenommen wird. Erfolgt die Rücknahme auf Antrag, tritt bei der Berechnung des Zeitraumes, für den rückwirkend Leistungen zu erbringen sind, anstelle der Rücknahme der Antrag.

Ein Antrag auf nachträgliche Überprüfung bietet sich in der Praxis insbesondere dann an, wenn

- eine Rechtsmittel- oder Rechtsbehelfsfrist nicht eingehalten wurde, z. B. nicht rechtzeitig Widerspruch gegen eine Entscheidung eingelegt wurde oder
- nachträglich neue Beweismittel oder Tatsachen bekannt werden, die eine andere Entscheidung begründen können.

14.6.2 Muster-Überprüfungsantrag

Vorname Name des Soldaten, Hinterbliebenen … Ort, Datum
Straße Hausnummer
PLZ Ort

Einwurf-Einschreiben
An das
Bundesamt für das Personalmanagement der Bundeswehr
Wilhelm-Raabe-Straße 46
40470 Düsseldorf

PK-Nummer 0123456789

Sehr geehrte Damen und Herren,

ich beantrage die nachträgliche Überprüfung Ihres Bescheids vom 10.11.2021 gemäß § 44 SGB X und beantrage, diesen aufzuheben und mir eine monatliche Ausgleichszahlung entsprechend einem GdS von 50 zu gewähren.

Mit Bescheid vom 10.11.2021 haben Sie den Antrag abgelehnt, mir eine monatliche Ausgleichszahlung unter Zugrundelegung eines GdS von 50 zu gewähren; Sie gingen lediglich von einem GdS in Höhe von 30 aus.

Der Bescheid wurde bestandskräftig. An sich ist er damit für die Beteiligten in der Sache bindend, jedoch nur, soweit durch Gesetz nichts anderes bestimmt ist. Die Bindungswirkung kann hier allerdings auf gesetzlicher Grundlage (§ 44 SGB X) zu meinen Gunsten durchbrochen werden.

Nach den als Anlage beigefügten Unterlagen, die mir erst jetzt zugänglich wurden, ist offensichtlich, dass schon im Jahr 2021 ein GdS von 50 vorgelegen hat.

Dementsprechend erweist sich der zur Überprüfung gestellte Bescheid vom 10.11.2021 als im Zeitpunkt seines Erlasses aus heutiger Sicht als belastend und rechtswidrig, sodass wie oben beantragt zu entscheiden ist.

Mit freundlichen Grüßen

Unterschrift

14.7 Vorschuss

14.7.1 Anwendungsbereich

Unter Soldatinnen und Soldaten weitgehend unbekannt, aber überaus hilfreich ist der Anspruch auf Zahlung eines Vorschusses.

Die Zahlung eines Vorschusses kommt immer dann in Betracht, wenn ein Anspruch auf Geldleistungen dem Grunde nach feststeht, aber zur Feststellung seiner Höhe voraussichtlich längere Zeit erforderlich ist. In diesen Fällen kann der zuständige Leistungsträger Vorschüsse zahlen, deren Höhe er nach pflichtgemäßem Ermessen bestimmt. Er hat Vorschüsse zu zahlen, wenn der Berechtigte es beantragt. Die Vorschusszahlung beginnt spätestens nach Ablauf eines Kalendermonats nach Eingang des Antrags.

Im Bereich der Soldatenentschädigung kommt ein Anspruch auf Zahlung eines Vorschusses besonders im Zusammenhang mit der Feststellung der Höhe des GdS in Betracht. Denn diese nimmt oft längere Zeit in Anspruch, gerade wenn medizinische Stellungnahmen oder Gutachten von mehreren Ärzten einzuholen sind. Mehrere Monate Dauer sind hier keine Seltenheit. Für die betroffenen Soldatinnen und Soldaten ist ein derart langes Abwarten, das in der Regel mit einem zumindest teilweisen Einkommensausfall verbunden ist, oft nicht zumutbar. Dann aber kann die Zahlung eines Vorschusses helfen, um die Zeit bis zur endgültigen Leistungsentscheidung zu überbrücken.

Steht nämlich bereits fest, dass Wehrdienstschädigungsfolgen vorliegen und diese einen GdS von mindestens 30 begründen, aber noch unklar ist, ob dieser nicht noch höher liegt und deswegen noch zeitaufwendige medizinische Gutachten einzuholen sind, kann der Betroffene bei der Bundeswehr die Zahlung eines Vorschusses beantragen. Die Bundeswehr könnte zwar auch ohne Antrag einen Vorschuss zahlen, in der Regel macht sie es aber nicht. Daher und auch dann wenn ein Anspruch auf Zahlung eines Vorschusses besteht, der nicht mehr im Ermessen der Bundeswehr steht, empfiehlt es sich, in solchen Fällen einen Vorschuss zu beantragen.

14.7.2 Muster-Vorschussantrag

Vorname Name des Soldaten | Ort, Datum
Straße Hausnummer
PLZ Ort

Einwurfeinschreiben
An das
Bundesamt für das Personalmanagement der Bundeswehr
Wilhelm-Raabe-Straße 46
40470 Düsseldorf

PK-Nummer 0123456789

Sehr geehrte Damen und Herren,

ich beantrage die Zahlung eines Vorschusses (§ 42 SGB I).

Begründung:

Aufgrund der Folgen der Wehrdienstbeschädigung vom 11.1.2024 liegt bei mir ein GdS von mindestens 30 vor. Dies ergibt sich aus dem bereits vorliegenden orthopädischen Fachgutachten, dessen Inhalt und Richtigkeit Sie nicht anzweifeln. Offen ist aber derzeit noch, ob ein höherer GdS vorliegt, was angesichts meiner bekannten psychiatrischen Beschwerden naheliegt. Um dies zu prüfen, haben Sie die Einholung eines weiteren Sachverständigengutachtens in Auftrag gegeben. Wir mir telefonisch mitgeteilt wurde, wird dessen Erstellung aufgrund der Auslastung der infrage kommenden Gutachter voraussichtlich mindestens sechs Monate dauern.

Da mit dem sicher feststehenden GdS von 30 ein Anspruch auf Zahlung eines Ausgleichs für gesundheitliche Schädigungsfolgen (§ 11 SEG) entstanden ist, beantrage ich die Zahlung eines Vorschusses unter Zugrundelegung eines GdS von wenigstens 30.

Mit freundlichen Grüßen

Unterschrift

15. Gesetz über die Entschädigung der Soldatinnen und Soldaten (Soldatenentschädigungsgesetz – SEG)

Vom 20. August 2021 (BGBl. I S. 3932)

Zuletzt geändert durch
Gesetz zur Änderung des Soldatenentschädigungsgesetzes
und des Soldatenversorgungsrechts
vom 18. Dezember 2024 (BGBl. I Nr. 423)

Inhaltsübersicht

15

15

Kapitel 1
Allgemeine Vorschriften

§ 1 Persönlicher Geltungsbereich

Dieses Gesetz gilt für

1. Personen, die eine Wehrdienstbeschädigung erlitten haben,
2. Angehörige und Hinterbliebene der in Nummer 1 genannten Personen.

§ 2 Begriffsbestimmungen

(1) Geschädigte Person ist eine Person, die eine Wehrdienstbeschädigung erlitten hat.

(2) Primäre Gesundheitsstörungen sind solche, die nach dem aktuellen Stand der medizinischen Wissenschaft durch ein schädigendes Ereignis hervorgerufen werden können und zeitlich als erste auftreten.

(3) Sekundäre Gesundheitsstörungen sind solche, die nach dem aktuellen Stand der medizinischen Wissenschaft aus der primären Gesundheitsstörung entstehen können.

(4) Angehörige sind

1. die Ehegattin oder der Ehegatte einer Soldatin oder eines Soldaten,
2. die Kinder einer Soldatin oder eines Soldaten,
3. die Stiefkinder einer Soldatin oder eines Soldaten, die in den Haushalt aufgenommen worden sind,
4. die Pflegekinder einer Soldatin oder eines Soldaten.

(5) Andere zur häuslichen Gemeinschaft gehörende Personen sind Personen, auf die sich die Umzugskostenzusage des Dienstherrn nach § 6 Absatz 3 Satz 3 des Bundesumzugskostengesetzes bezieht oder beziehen würde.

(6) Hinterbliebene sind

1. die Witwe oder der Witwer der geschädigten Person,
2. die Waisen der geschädigten Person,
3. die Stiefkinder, die in den Haushalt der geschädigten Person aufgenommen worden sind,
4. die Pflegekinder der geschädigten Person,
5. die Eltern der geschädigten Person,
6. die Stiefeltern oder Pflegeeltern der geschädigten Person, wenn sie der geschädigten Person zum Zeitpunkt des Versterbens unentgeltlich Unterhalt geleistet haben,
7. die Großeltern der geschädigten Person, wenn die verstorbene geschädigte Person ihnen Unterhalt geleistet hat oder hätte.

Stiefkinder nach Satz 1 Nummer 3 und Pflegekinder nach Satz 1 Nummer 4 stehen den Waisen nach Satz 1 Nummer 2 gleich. Berechtigte nach Satz 1 Nummer 6 und 7 stehen den Eltern nach Satz 1 Nummer 5 gleich.

(7) Pflegekinder sind Personen, mit denen eine Soldatin oder ein Soldat oder eine geschädigte Person durch ein familienähnliches, auf Dauer angelegtes Band verbunden ist, sofern die Soldatin oder der Soldat oder die geschädigte Person die Personen nicht zu Erwerbszwecken in den Haushalt aufgenommen hat und das Obhuts- und Pflegeverhältnis zu den Eltern nicht mehr besteht.

§ 3 Wehrdienstbeschädigung

(1) Eine Wehrdienstbeschädigung liegt vor, wenn die primäre Gesundheitsstörung durch eines der folgenden schädigenden Ereignisse verursacht worden ist:

1. einen Unfall während der Ausübung des Wehrdienstes,
2. eine Wehrdienstverrichtung,
3. die dem Wehrdienst eigentümlichen Verhältnisse,
4. einen Angriff auf die Soldatin oder den Soldaten
   a) wegen des pflichtgemäßen dienstlichen Verhaltens oder
   b) wegen des Status als Soldatin oder als Soldat,
5. gesundheitsschädigende Verhältnisse während der Verwendung im Ausland oder
6. einen Angriff auf die Soldatin oder den Soldaten bei Kriegshandlungen, Aufruhr oder Unruhen während der Verwendung im Ausland.

Eine Wehrdienstbeschädigung liegt nicht vor, wenn die geschädigte Person die Gesundheitsstörung vorsätzlich herbeigeführt hat.

(2) Zum Wehrdienst gehören auch

1. Dienstreisen und die dienstliche Tätigkeit am Bestimmungsort,
2. die Teilnahme an dienstlichen Veranstaltungen,
3. Nebentätigkeiten im öffentlichen Dienst oder in dem ihm gleichstehenden Dienst, zu deren Übernahme die Soldatin oder der Soldat nach § 20 Absatz 7 des Soldatengesetzes verpflichtet ist,
4. Nebentätigkeiten, deren Wahrnehmung von der Soldatin oder dem Soldaten im Zusammenhang mit den Dienstgeschäften erwartet wird, sofern die Soldatin oder der Soldat hierbei nicht in der gesetzlichen Unfallversicherung nach dem Siebten Buch Sozialgesetzbuch versichert ist, sowie
5. das Erscheinen zur Feststellung der Wehrdienstfähigkeit, zur Eignungsuntersuchung und Eignungsfeststellung oder im Rahmen der Dienstleistungs- oder Wehrüberwachung auf Anordnung einer zuständigen Dienststelle.

(3) Als Wehrdienst gilt auch das Zurücklegen des mit dem Dienst zusammenhängenden Weges zu und von der Dienststelle. Hat die Soldatin oder der Soldat wegen der Entfernung ihrer oder seiner ständigen Familienwohnung vom Dienstort am Dienstort oder in dessen Nähe eine Unterkunft, so gilt Satz 1 auch für den Weg zwischen der Familienwohnung und der Dienststelle oder der Unterkunft am Dienstort. Der Zusammenhang mit dem Dienst gilt als nicht unterbrochen, wenn die Soldatin oder der Soldat

1. von dem unmittelbaren Weg zwischen der Wohnung und der Dienststelle in vertretbarem Umfang abweicht,

   a) um ein eigenes Kind, für das ihr oder ihm dem Grunde nach Kindergeld zusteht, wegen ihrer oder seiner eigenen Berufstätigkeit oder der Berufstätigkeit ihres oder seines Ehegatten in fremde Obhut zu geben oder aus fremder Obhut abzuholen oder

   b) weil sie oder er mit anderen berufstätigen oder in der gesetzlichen Unfallversicherung versicherten Personen gemeinsam ein Fahrzeug für den Weg zu und von der Dienststelle benutzt oder

2. in ihrer oder seiner Wohnung Dienst leistet und Wege zurücklegt, um ein Kind im Sinne der Nummer 1 Buchstabe a in fremde Obhut zu geben oder aus fremder Obhut abzuholen.

(4) Von Absatz 1 Satz 1 Nummer 1 sind auch Unfälle erfasst, welche die geschädigte Person erleidet

1. während einer Maßnahme nach den Kapiteln 3 bis 5,
2. während des Erscheinens auf Anordnung einer Behörde oder eines Gerichts wegen der Wehrdienstbeschädigung oder
3. auf dem jeweils erforderlichen Hin- und Rückweg.

Ein Unfall, den die Soldatin oder der Soldat bei der Gewährung der unentgeltlichen truppenärztlichen Versorgung oder auf einem hierzu notwendigen Weg erleidet, gilt ebenfalls als Unfall nach Absatz 1 Satz 1 Nummer 1.

(5) Als Wehrdienstbeschädigung gilt auch, wenn statt der primären Gesundheitsstörung die Beschädigung oder der Verlust eines im oder am Körper getragenen Hilfsmittels vorliegt.

§ 4 Besondere Fallgestaltungen

(1) Als Wehrdienstbeschädigung gilt die bei einer Verwendung im Ausland außerhalb des Dienstes erlittene primäre Gesundheitsstörung, wenn sie verursacht worden ist durch

1. vom Inland wesentlich abweichende Verhältnisse während einer besonderen Verwendung nach § 87 Absatz 1 des Soldatenversorgungsgesetzes oder
2. einen Unfall oder eine Erkrankung im Zusammenhang mit einer Verschleppung oder einer Gefangenschaft in dem ausländischen Staat, in dem die Soldatin oder der Soldat verwendet wird, oder den Umstand, dass die Soldatin oder der Soldat aus sonstigen, mit dem Dienst zusammenhängenden Gründen, die sie oder er nicht zu vertreten hat, dem Einflussbereich des Dienstherrn entzogen ist, oder
3. einen gegen die Soldatin oder den Soldaten oder eine andere Person gerichteten vorsätzlichen, rechtswidrigen tätlichen Angriff oder durch dessen rechtmäßige Abwehr; einem tätlichen Angriff steht die vorsätzliche Beibringung von Gift sowie die wenigstens fahrlässige Herbeiführung einer Gefahr für Leib und Leben eines anderen durch ein mit gemeingefährlichen Mitteln begangenes Verbrechen gleich.

Satz 1 Nummer 3 gilt auch, wenn sich der tätliche Angriff oder dessen rechtmäßige Abwehr auf dem Hinweg ins Ausland oder auf dem Rückweg ereignet.

(2) Als Wehrdienstbeschädigung gilt auch, wenn

1. die Soldatin oder der Soldat zur Wahrnehmung einer Tätigkeit, die öffentlichen Belangen oder dienstlichen Interessen dient, vom Wehrdienst beurlaubt wird und auf Grund dieser Tätigkeit, durch einen Unfall während der Ausübung dieser Tätigkeit oder auf dem jeweils erforderlichen Hin- und Rückweg eine primäre Gesundheitsstörung erleidet,
2. eine nicht nach § 2 Absatz 1 Nummer 1 oder Nummer 9 des Siebten Buches Sozialgesetzbuch versicherte Begleitperson einer geschädigten Person im Falle von § 3 Absatz 3 einen Unfall und dadurch eine primäre Gesundheitsstörung erleidet,
3. Angehörige oder andere zur häuslichen Gemeinschaft der Soldatin oder des Soldaten gehörende Personen, die in dem ausländischen Staat, in dem die Soldatin oder der Soldat verwendet wird, oder auf dem Hin- und Rückweg infolge eines gegen sie oder eine andere Person gerichteten vorsätzlichen, rechtswidrigen tätlichen Angriffs oder durch dessen rechtmäßige Abwehr eine primäre Gesundheitsstörung erleiden,
4. das Kind einer Soldatin durch eine Wehrdienstbeschädigung der Mutter während der Schwangerschaft unmittelbar eine primäre Gesundheitsstörung erleidet.

(3) Absatz 1 Satz 1 Nummer 3 und Absatz 2 Nummer 1 bis 3 gelten nicht, soweit in diesen Fällen Ansprüche nach anderen gesetzlichen Regelungen bestehen oder Leistungen von anderer Seite gewährt werden. Schadensersatzansprüche auf Grund fahrlässiger Amtspflichtverletzung nach § 839 Absatz 1 des Bürgerlichen Gesetzbuchs sind nicht ausgeschlossen.

§ 5 Anerkennung der Schädigungsfolgen

(1) Als Schädigungsfolge wird die sekundäre Gesundheitsstörung anerkannt, die in ursächlichem Zusammenhang mit der Wehrdienstbeschädigung steht.

(2) Zur Anerkennung der Schädigungsfolge genügt die Wahrscheinlichkeit des ursächlichen Zusammenhangs zwischen der sekundären Gesundheitsstörung mit der Wehrdienstbeschädigung.

(3) Wenn die zur Anerkennung einer Schädigungsfolge erforderliche Wahrscheinlichkeit nur deshalb nicht gegeben ist, weil über die Ursache der primären oder der sekundären Gesundheitsstörung in der medizinischen Wissenschaft Ungewissheit besteht, kann mit Zustimmung des Bundesministeriums der Verteidigung die Schädigungsfolge anerkannt werden. Die Zustimmung kann allgemein erteilt werden.

(4) War die Soldatin oder der Soldat durch eine Wehrdienstverrichtung oder durch die dem Wehrdienst eigentümlichen Verhältnisse besonderen Einwirkungen ausgesetzt und erkrankt sie oder er infolgedessen an einer Krankheit, die in Anlage 1 der Berufskrankheiten-Verordnung aufgeführt ist, so wird die Schädigungsfolge nach Maßgabe des § 9 Absatz 1 und 2 des Siebten Buches Sozialgesetzbuch anerkannt. Bei der Entscheidung über die Anerkennung sind auch

Tätigkeiten zu berücksichtigen, die den Versicherungsschutz nach den § 2, § 3 oder § 6 des Siebten Buches Sozialgesetzbuch begründen, wenn

1. diese Tätigkeiten ihrer Art nach geeignet waren, die Berufskrankheit nach § 9 Absatz 1 Satz 1 des Siebten Buches Sozialgesetzbuch zu verursachen, und
2. die besondere Einwirkung überwiegend durch ein schädigendes Ereignis nach § 3 Absatz 1 verursacht worden ist.

(5) Die Entscheidung über die Anerkennung einer Schädigungsfolge gilt für die Zeit nach Beendigung des Wehrdienstverhältnisses fort.

§ 6 Grad der Schädigungsfolgen

(1) Ist für eine geschädigte Person die Schädigungsfolge anerkannt worden, so wird für sie der Grad der Schädigungsfolgen festgesetzt.

(2) Der Grad der Schädigungsfolgen ist nach den allgemeinen Auswirkungen der körperlichen, seelischen, geistigen oder Sinnesbeeinträchtigungen, die durch die Schädigungsfolge bedingt sind, in allen Lebensbereichen zu beurteilen. Er ist nach Zehnerwerten von 10 bis 100 zu bemessen. Ein bis zu 5 Grad geringerer Grad der Schädigungsfolgen wird vom höheren Zehnergrad mit umfasst. Bei geschädigten Kindern und Jugendlichen ist der Grad der Schädigungsfolgen nach dem Grad zu bemessen, der sich bei Erwachsenen mit gleichen Schädigungsfolgen ergibt, soweit damit keine Schlechterstellung der Kinder und Jugendlichen verbunden ist.

(3) Vorübergehende sekundäre Gesundheitsstörungen sind nicht zu berücksichtigen; als vorübergehend gilt ein Zeitraum von bis zu sechs Monaten.

(4) Ist bei der geschädigten Person neben einer Schädigungsfolge auf Grund einer Wehrdienstbeschädigung auch eine Schädigungsfolge auf Grund eines schädigenden Ereignisses nach dem Vierzehnten Buch Sozialgesetzbuch oder nach einem Gesetz, welches die Anwendung des Vierzehnten Buches Sozialgesetzbuch vorsieht, anerkannt worden, so ist ein einheitlicher Grad der Schädigungsfolgen festzusetzen.

(5) Das Bundesministerium der Verteidigung wird ermächtigt, durch Rechtsverordnung ohne Zustimmung des Bundesrates Folgendes zu regeln:

1. die Grundsätze für die Beurteilung und Bemessung des Grades der Schädigungsfolgen im Sinne des Absatzes 2,
2. die Grundsätze für die Anerkennung einer sekundären Gesundheitsstörung als Schädigungsfolge sowie
3. das Verfahren für die Fortentwicklung der in den Nummern 1 und 2 genannten Grundsätze.

§ 7 Leistungen der Soldatenentschädigung

(1) Eine geschädigte Person hat wegen der anerkannten Schädigungsfolge und deren wirtschaftlicher Folgen Anspruch auf folgende Leistungen:

1. Ausgleich für gesundheitliche Schädigungsfolgen nach Maßgabe des Kapitels 2,
2. Leistungen der medizinischen Versorgung nach Maßgabe des Kapitels 3,

3. Leistungen zur Teilhabe am Arbeitsleben nach Maßgabe des Kapitels 4,
4. Leistungen zur Sozialen Teilhabe nach Maßgabe des Kapitels 5,
5. Leistungen des Erwerbsschadensausgleichs nach Maßgabe des Kapitels 6,
6. Leistungen nach Maßgabe der §§ 52 bis 55.

(2) Angehörige, die selbst keine geschädigte Person sind, haben Anspruch auf Erstattung von Kosten für psychotherapeutische Leistungen in besonderen Fällen nach Maßgabe des § 51.

(3) Hinterbliebene haben Anspruch auf folgende Leistungen:

1. Leistungen an Hinterbliebene nach Maßgabe des Kapitels 7,
2. Sterbegeld nach Maßgabe des Kapitels 9,
3. Anspruch auf Erstattung von Kosten für psychotherapeutische Leistungen in besonderen Fällen nach Maßgabe des § 51.

(4) Die Partnerin oder der Partner einer mit der verstorbenen geschädigten Person verfestigten Lebensgemeinschaft hat Anspruch auf Ausgleichszahlung nach Maßgabe des § 50.

(5) Anspruch auf Leistungen bei Überführung und Bestattung nach Kapitel 8 hat die Person, die zunächst die Überführung oder Bestattung einer geschädigten Person bezahlt hat.

§ 8 Antragserfordernis

(1) Leistungen nach diesem Gesetz werden auf Antrag gewährt.

(2) Während des Wehrdienstverhältnisses kann das Verwaltungsverfahren zur Prüfung der Gewährung von Leistungen nach diesem Gesetz auch von Amts wegen eingeleitet werden.

§ 9 Anspruchskonkurrenz

Ansprüche auf Leistungen der Soldatenentschädigung gehen Ansprüchen auf Leistungen der Sozialen Entschädigung vor, soweit sie auf derselben Ursache beruhen.

§ 10 Verhältnis zu Leistungen anderer Träger

(1) Die Leistungen der Soldatenentschädigung gehen Leistungen anderer Träger, insbesondere anderer Sozialleistungsträger, vor.

(2) Ausgleichszahlungen nach den §§ 11 und 43 Absatz 1 sowie den §§ 44 und 45 werden nicht als Einkommen oder Vermögen auf andere Sozialleistungen oder auf Leistungen nach dem Asylbewerberleistungsgesetz angerechnet.

(3) Leistungsansprüche aus privaten Sicherungs- und Versorgungssystemen sind auf Leistungen der Soldatenentschädigung nicht anzurechnen.

Kapitel 2
Ausgleich für gesundheitliche Schädigungsfolgen

§ 11 Ausgleich für gesundheitliche Schädigungsfolgen

(1) Geschädigte Personen erhalten einen Ausgleich für gesundheitliche Schädigungsfolgen als monatliche Zahlung in Höhe von

1. 418 Euro bei einem Grad der Schädigungsfolgen von 30 und 40,
2. 837 Euro bei einem Grad der Schädigungsfolgen von 50 und 60,
3. 1255 Euro bei einem Grad der Schädigungsfolgen von 70 und 80,
4. 1673 Euro bei einem Grad der Schädigungsfolgen von 90,
5. 2091 Euro bei einem Grad der Schädigungsfolgen von 100.

(2) Der Ausgleich nach Absatz 1 Nummer 5 erhöht sich für geschädigte Personen mit besonderer Belastung durch schwerste Schädigungsfolgen um 20 Prozent. Eine besondere Belastung durch schwerste Schädigungsfolgen liegt insbesondere dann vor, wenn in mindestens zwei Funktionssystemen eine Schädigungsfolge anerkannt ist, die bei Einzelbewertung bereits einen Grad der Schädigungsfolgen von 100 und zusätzlich von mindestens 80 bedingt.

§ 12 Abfindung

(1) Einer geschädigten Person, die das 18. Lebensjahr vollendet hat und einen Anspruch auf eine monatliche Zahlung nach § 11 Absatz 1 hat, kann auf Antrag eine Abfindung gezahlt werden, wenn nicht zu erwarten ist, dass innerhalb der nächsten fünf Jahre der Grad der Schädigungsfolgen wesentlich sinkt.

(2) Die Zahlung der Abfindung erfolgt jeweils für fünf Jahre (Abfindungszeitraum). Der Abfindungszeitraum beginnt mit dem auf den Antrag folgenden Monat.

(3) Die Höhe der Abfindung beträgt das 60-Fache der monatlichen Entschädigungszahlung nach § 11 Absatz 1. Auf die Abfindung sind bereits geleistete monatliche Entschädigungszahlungen anzurechnen.

(4) Mit Zahlung der Abfindung sind die Ansprüche auf die monatlichen Entschädigungszahlungen für die Dauer von fünf Jahren abgegolten.

§ 13 Höhe und Zeitpunkt der Anpassung, Verordnungsermächtigung

(1) Die Höhe der monatlichen Zahlungen nach § 11 Absatz 1 wird jeweils entsprechend dem Prozentsatz angepasst, um den sich der aktuelle Rentenwert in der gesetzlichen Rentenversicherung verändert. Die sich durch die Anpassung ergebenden Beträge sind bis 0,49 Euro auf volle Euro abzurunden und ab 0,50 Euro auf volle Euro aufzurunden.

(2) Die Anpassung erfolgt durch Rechtsverordnung des Bundesministeriums der Verteidigung, die nicht der Zustimmung des Bundesrates bedarf, jeweils zum gleichen Zeitpunkt, zu dem die Renten der gesetzlichen Rentenversicherung angepasst werden.

15

Kapitel 3
Leistungen der medizinischen Versorgung

Abschnitt 1
Medizinische Versorgung während des Wehrdienstverhältnisses

§ 14 Medizinische Versorgung

Für die anerkannte Schädigungsfolge erhalten Soldatinnen und Soldaten während des Wehrdienstverhältnisses Leistungen der medizinischen Versorgung im Rahmen der unentgeltlichen truppenärztlichen Versorgung nach § 69a des Bundesbesoldungsgesetzes.

Abschnitt 2
Medizinische Versorgung außerhalb des Wehrdienstverhältnisses

Unterabschnitt 1
Grundsatz und Leistungen

§ 15 Grundsätze der medizinischen Versorgung

(1) Für die anerkannte Schädigungsfolge erhalten geschädigte Personen, die sich nicht im Wehrdienstverhältnis befinden, medizinische Versorgung nach dem Ersten, Zweiten und Fünften Unterabschnitt des Ersten Abschnitts des Dritten Kapitels des Siebten Buches Sozialgesetzbuch unter Beachtung des Neunten Buches Sozialgesetzbuch, soweit sich aus diesem Gesetz nichts anderes ergibt. Dabei gelten die Grundsätze der Leistungserbringung der gesetzlichen Unfallversicherung.

(2) Die Leistungen werden mit allen geeigneten Mitteln möglichst frühzeitig erbracht, um

1. die Gesundheitsstörung zu beseitigen oder zu bessern, die Verschlimmerung zu verhüten und die Folgen zu mildern sowie
2. den Pflegebedarf zu decken.

(3) Qualität und Wirksamkeit der Leistungen der medizinischen Versorgung haben dem allgemein anerkannten Stand der medizinischen Erkenntnisse zu entsprechen und den medizinischen Fortschritt zu berücksichtigen. Sie werden ohne Kostenbeteiligung der geschädigten Person als Dienst- und Sachleistung zur Verfügung gestellt, soweit dieses Gesetz nichts anderes bestimmt.

§ 16 Katalog der Leistungen der medizinischen Versorgung

Die Leistungen der medizinischen Versorgung umfassen insbesondere:

1. ärztliche, zahnärztliche und psychotherapeutische Behandlung nach den § 27 Absatz 1 Nummer 2 und Nummer 3 und § 28 des Siebten Buches Sozialgesetzbuch,
2. Versorgung mit Arznei- und Verbandmitteln nach den § 27 Absatz 1 Nummer 4 und § 29 des Siebten Buches Sozialgesetzbuch,
3. Versorgung mit Heilmitteln nach den § 27 Absatz 1 Nummer 4 und § 30 des Siebten Buches Sozialgesetzbuch,

4. Versorgung mit Hilfsmitteln und Körperersatzstücken sowie die Gewährung einer Pauschale zum Kleider- und Wäscheverschleiß nach den § 27 Absatz 1 Nummer 4, Absatz 2 und § 31 des Siebten Buches Sozialgesetzbuch,
5. stationäre Behandlung nach den § 27 Absatz 1 Nummer 6 und § 33 des Siebten Buches Sozialgesetzbuch,
6. Leistungen der medizinischen Rehabilitation nach § 27 Absatz 1 Nummer 7 des Siebten Buches Sozialgesetzbuch in Verbindung mit § 42 Absatz 2 Nummer 1 und 3 bis 7 und Absatz 3 des Neunten Buches Sozialgesetzbuch,
7. häusliche Krankenpflege nach den § 27 Absatz 1 Nummer 5 und § 32 des Siebten Buches Sozialgesetzbuch,
8. Leistungen bei Pflegebedürftigkeit nach § 44 des Siebten Buches Sozialgesetzbuch nach Maßgabe des § 17,
9. Leistungen zur Mobilität nach § 18,
10. Leistungen der Haushaltshilfe und Übernahme der Kinderbetreuungskosten nach § 74 Absatz 1 bis 3 des Neunten Buches Sozialgesetzbuch,
11. Reisekosten nach § 43 des Siebten Buches Sozialgesetzbuch,
12. Krankengeld der Soldatenentschädigung nach Kapitel 3 Abschnitt 2 Unterabschnitt 2,
13. sonstige Leistungen zur Erreichung und Sicherstellung des Erfolges der Leistungen zur medizinischen Rehabilitation.

§ 17 Leistungen bei Pflegebedürftigkeit

(1) § 44 des Siebten Buches Sozialgesetzbuch gilt entsprechend. Für die Berechnung der Höhe des Pflegegeldes ist ein Mindestbetrag von 450 Euro und ein Höchstbetrag von 2000 Euro zugrunde zu legen.

(2) § 13 gilt entsprechend.

(3) Für die Dauer einer Heimpflege von mehr als einem Monat können einkommensabhängige Geldleistungen nach diesem Gesetz um höchstens die Hälfte gemindert werden, soweit dies nach den persönlichen Bedürfnissen und Verhältnissen der geschädigten Person angemessen ist. Der Ausgleich für gesundheitliche Schädigungsfolgen bleibt bei der Minderung außer Betracht.

§ 18 Leistungen zur Mobilität

(1) Für die Leistungen zur Mobilität gilt § 40 des Siebten Buches Sozialgesetzbuch entsprechend.

(2) Das Bundesministerium der Verteidigung wird ermächtigt, durch Rechtsverordnung ohne Zustimmung des Bundesrates Folgendes zu regeln:

1. die Grundsätze, die für die Leistungen zur Mobilität maßgebend sind,
2. die Höhe der Leistungen und das Bewilligungsverfahren.

Unterabschnitt 2
Krankengeld der Soldatenentschädigung

§ 19 Krankengeld der Soldatenentschädigung

(1) Geschädigte Personen, die infolge der anerkannten Schädigungsfolge arbeitsunfähig sind, erhalten Krankengeld der Soldatenentschädigung. Die geschädigte Person hat das Vorliegen der Arbeitsunfähigkeit nachzuweisen.

(2) Arbeitsunfähigkeit liegt vor, wenn die geschädigte Person auf Grund der anerkannten Schädigungsfolge ihre zuletzt vor der Arbeitsunfähigkeit ausgeübte Erwerbstätigkeit nicht mehr oder nur unter der Gefahr der Verschlimmerung des Gesundheitszustands ausführen kann.

(3) Frühere Soldatinnen und frühere Soldaten, die nach Beendigung des Wehrdienstverhältnisses infolge der anerkannten Schädigungsfolge arbeitsunfähig sind und vor Beginn des Wehrdienstverhältnisses keine Erwerbstätigkeit ausgeübt haben, gelten auch dann als arbeitsunfähig, wenn sie nicht oder nur mit der Gefahr einer Verschlimmerung des Gesundheitszustands fähig sind, einer Erwerbstätigkeit oder Berufsausbildung nachzugehen.

(4) Als arbeitsunfähig gelten auch geschädigte Personen, die, ohne arbeitsunfähig zu sein, wegen einer Maßnahme der medizinischen Versorgung nach diesem Gesetz keine ganztägige Erwerbstätigkeit ausüben können. Dies gilt nicht für Maßnahmen zur Anpassung oder Instandsetzung von Hilfsmitteln und Körperersatzstücken. Insoweit gelten § 43 des Siebten Buches Sozialgesetzbuch und § 65a Absatz 1 Satz 1 und Absatz 2 des Ersten Buches Sozialgesetzbuch entsprechend.

(5) Das Krankengeld der Soldatenentschädigung wird auch gewährt, wenn die Arbeitsunfähigkeit während einer Maßnahme der medizinischen Versorgung oder einer Maßnahme der Teilhabeleistung am Arbeitsleben nach diesem Gesetz eintritt.

§ 20 Berechnung und Höhe des Krankengeldes der Soldatenentschädigung

(1) Das Krankengeld der Soldatenentschädigung beträgt 80 Prozent des erzielten regelmäßigen Entgelts (Regelentgelt) und darf das entgangene regelmäßige Nettoarbeitsentgelt nicht übersteigen. Das Regelentgelt wird bis zur Höhe der jeweils geltenden Leistungsbemessungsgrenze berücksichtigt. Leistungsbemessungsgrenze ist der 360. Teil der jährlichen Beitragsbemessungsgrenze der allgemeinen Rentenversicherung. Im Übrigen berechnet sich das Krankengeld der Soldatenentschädigung entsprechend § 47 des Fünften Buches Sozialgesetzbuch.

(2) Bei geschädigten Personen, die geringfügig beschäftigt sind, entspricht das zugrunde zu legende Regelentgelt dem Nettoentgelt. Bei geschädigten Personen, die nicht der Versicherungspflicht in der gesetzlichen Krankenversicherung unterliegen, wird das Krankengeld der Soldatenentschädigung auf Grundlage der nachgewiesenen Einnahmen berechnet, die beitragspflichtig wären, wenn die geschädigte Person gesetzlich krankenversichert wäre.

(3) Für den Fall, dass die geschädigte Person im Zeitpunkt der Beendigung des Wehrdienstverhältnisses infolge einer anerkannten Wehrdienstbeschädigung arbeitsunfähig ist, gelten, wenn dies für die Person günstiger ist, als Regelentgelt

die bei der Beendigung des Wehrdienstverhältnisses bezogenen Geld- und Sachbezüge.

(4) Ein Anspruch auf Krankengeld der Soldatenentschädigung besteht nicht, wenn unmittelbar vor der Arbeitsunfähigkeit Bürgergeld bezogen wurde.

(5) Die Berechnungsgrundlage, die dem Krankengeld der Soldatenentschädigung zugrunde liegt, wird entsprechend § 70 des Neunten Buches Sozialgesetzbuch angepasst.

§ 21 Beginn und Ende des Krankengeldes der Soldatenentschädigung

(1) Das Krankengeld der Soldatenentschädigung ist von dem Tag an zu erbringen, von dem an die Voraussetzungen des § 19 erfüllt sind, wenn es innerhalb von zwei Wochen nach Eintritt der Arbeitsunfähigkeit oder nach Beginn einer Maßnahme der medizinischen Versorgung nach diesem Gesetz oder nach Wegfall des Anspruchs auf Fortzahlung des Entgelts beantragt wird, ansonsten von dem Tag des Antrags. Als Antrag gilt auch die Vorlage der ärztlichen Feststellung der Arbeitsunfähigkeit.

(2) Ist der Antrag nicht fristgerecht gestellt, ist das Krankengeld der Soldatenentschädigung für die zurückliegende Zeit nur zu erbringen, wenn die geschädigte Person ohne ihr Verschulden an der Einhaltung der Frist gehindert war.

(3) Das Krankengeld der Soldatenentschädigung endet mit dem letzten Tag der Arbeitsunfähigkeit.

(4) Das Krankengeld der Soldatenentschädigung endet bei Vorliegen der folgenden Voraussetzungen mit dem Tag, der dem Beginn der Zahlung dieser Leistungen vorausgeht, wenn die geschädigte Person

1. Rente wegen voller Erwerbsminderung oder Rente wegen Alters in voller Höhe nach dem Sechsten Buch Sozialgesetzbuch bezieht,
2. eine der Altersrente entsprechende oder der Altersversorgung dienende Leistung erhält,
3. auf Grund eines Gesetzes, eines Tarifvertrags, einer Betriebsvereinbarung oder einer Vereinbarung mit dem Arbeitgeber von der Möglichkeit des vorzeitigen Übergangs in den Ruhestand unter Verzicht auf Erwerbseinkommen Gebrauch macht und deswegen ihre Erwerbstätigkeit aufgibt oder
4. die Regelaltersgrenze nach § 35 Satz 2 des Sechsten Buches Sozialgesetzbuch erreicht hat.

Satz 1 Nummer 4 gilt nicht, wenn die geschädigte Person im Zeitpunkt des Erreichens der Regelaltersgrenze nach § 35 Satz 2 des Sechsten Buches Sozialgesetzbuch, die für sie maßgebliche Regelaltersgrenze ihrer berufsständischen Versicherungs- oder Versorgungseinrichtung noch nicht erreicht hat.

(5) Wenn mit dem Wiedereintritt der Arbeitsfähigkeit nicht zu rechnen ist und Leistungen zur Teilhabe am Arbeitsleben nicht zu erbringen sind, endet das Krankengeld der Soldatenentschädigung

1. mit dem Tag, an dem die Leistungen der medizinischen Versorgung soweit abgeschlossen sind, dass die geschädigte Person eine zumutbare, zur Verfügung stehende Berufs- oder Erwerbstätigkeit aufnehmen könnte,
2. im Übrigen mit Ablauf der 78. Woche, gerechnet vom Tag des Beginns der Arbeitsunfähigkeit an, jedoch nicht vor dem Ende der stationären Behandlung.

§ 22 Krankengeld der Soldatenentschädigung bei Wiedererkrankung

Im Fall einer Wiedererkrankung gelten die §§ 19 bis 21 mit der Maßgabe entsprechend, dass anstelle des Zeitpunkts der ersten Arbeitsunfähigkeit auf den Zeitpunkt der Wiedererkrankung abzustellen ist.

§ 23 Ruhen des Anspruchs auf Krankengeld der Soldatenentschädigung

(1) Der Anspruch ruht, solange die geschädigte Person Mutterschaftsgeld, Arbeitslosengeld oder Kurzarbeitergeld bezieht. Dies gilt nicht für die Dauer einer stationären Behandlungsmaßnahme oder einer medizinischen Rehabilitationsleistung.

(2) Der Anspruch auf Krankengeld der Soldatenentschädigung ruht auch während der Elternzeit nach dem Bundeselterngeld- und Elternzeitgesetz. Dies gilt nicht, wenn die Arbeitsunfähigkeit vor Beginn der Elternzeit eingetreten ist oder das Krankengeld der Soldatenentschädigung aus dem Arbeitsentgelt zu berechnen ist, das durch Erwerbstätigkeit während der Elternzeit erzielt wurde.

§ 24 Kürzung des Krankengeldes der Soldatenentschädigung

Das Krankengeld der Soldatenentschädigung wird um die Zahlbeträge der folgenden Leistungen gekürzt, wenn die Leistungen von einem Zeitpunkt nach dem Beginn der Arbeitsunfähigkeit oder der stationären Behandlung an zuerkannt werden:

1. Rente wegen teilweiser Erwerbsminderung oder Teilrente nach dem Sechsten Buch Sozialgesetzbuch,
2. vergleichbare Leistungen, die von einem Träger oder einer staatlichen Stelle im Inland oder Ausland als Teilrente gezahlt werden.

§ 25 Soziale Sicherung der Bezieher von Krankengeld der Soldatenentschädigung

(1) Personen sind in der Zeit, in der sie Krankengeld der Soldatenentschädigung beziehen,

1. nach Maßgabe des § 26 Absatz 2 Nummer 1 des Dritten Buches Sozialgesetzbuch nach dem Recht der Arbeitsförderung und
2. nach Maßgabe des § 3 Satz 1 Nummer 3 des Sechsten Buches Sozialgesetzbuch in der gesetzlichen Rentenversicherung

versichert. Die Leistungsträger entrichten für die Leistungsberechtigten die Beiträge an die Bundesagentur für Arbeit. Näheres zu den Beiträgen und zum Verfahren regeln die §§ 345, 347 und 349 des Dritten Buches Sozialgesetzbuch. Ferner entrichten die Leistungsträger für die Leistungsberechtigten die Beiträge an die Träger der Rentenversicherung. Näheres zu diesen Beiträgen und zum Verfahren regeln die §§ 166, 170 und 173 des Sechsten Buches Sozialgesetzbuch.

(2) Geschädigten Personen, die wegen einer Beschäftigung oder selbstständigen Tätigkeit Pflichtmitglied in einer berufsständischen Versicherungs- oder Versorgungseinrichtung sind oder wären, wenn sie ihre Tätigkeit im Zuständigkeitsbereich der Versicherungs- oder Versorgungseinrichtung, der sie freiwillig angehören, ausübten, werden auf Antrag für die Zeit, für die sie Krankengeld der Soldatenentschädigung erhalten, die Aufwendungen für die Alterssicherung erstattet. Die Erstattung erfolgt bis zur Höhe der Beiträge, die zur gesetzlichen Rentenversicherung für die Zeit des Bezugs von Krankengeld der Soldatenentschädigung zu entrichten wären, wenn die geschädigte Person rentenversicherungspflichtig wäre.

(3) Geschädigten Personen, die nicht rentenversicherungspflichtig sind oder von der Rentenversicherungspflicht befreit sind, werden auf Antrag für die Zeit, für die sie Krankengeld der Soldatenentschädigung erhalten, die nachgewiesenen Aufwendungen für die Alterssicherung erstattet. Aufwendungen für die Alterssicherung sind insbesondere

1. freiwillige Beiträge zur gesetzlichen Rentenversicherung,
2. Beiträge für eine eigene kapitalgedeckte Altersvorsorge in Form einer lebenslangen Leibrente, wenn der Vertrag nur die Zahlung einer monatlichen auf das Leben der geschädigten Person bezogenen lebenslangen Leibrente nicht vor Vollendung des 60. Lebensjahres vorsieht.

Die Erstattung erfolgt bis zur Höhe der Beiträge, die zur gesetzlichen Rentenversicherung für die Zeit des Bezugs von Krankengeld der Soldatenentschädigung zu entrichten wären, wenn die geschädigte Person rentenversicherungspflichtig wäre.

Unterabschnitt 3
Kostenerstattung

§ 26 Erstattung der Kosten selbstbeschaffter Maßnahmen der medizinischen Versorgung

(1) Entstehen der geschädigten Person Kosten für eine selbstbeschaffte notwendige Leistung der medizinischen Versorgung der Schädigungsfolge nach Antragstellung, jedoch vor Anerkennung der Schädigungsfolge, werden ihr die entstandenen Kosten im angemessenen Umfang erstattet. Dies gilt auch, wenn nach Abschluss der selbstbeschafften Leistung der medizinischen Versorgung keine Schädigungsfolge mehr vorliegt. Angemessen sind die Kosten, die auch bei der Inanspruchnahme der Sachleistung nach diesem Gesetz angefallen wären. Absatz 2 Nummer 1 und § 59 Absatz 2 gelten entsprechend.

(2) Entstehen die Kosten einer selbstbeschafften notwendigen Leistung der medizinischen Versorgung nach Anerkennung der Schädigungsfolge, werden sie der geschädigten Person in der entstandenen Höhe erstattet, wenn

1. die Leistung unaufschiebbar war und nicht rechtzeitig erbracht werden konnte oder
2. die Leistung zu Unrecht abgelehnt wurde.

(3) Werden Kosten nach Absatz 1 oder Absatz 2 erstattet, besteht nach Maßgabe der §§ 19 bis 24 ein Anspruch auf Krankengeld der Soldatenentschädigung.

(4) Die Kosten für selbstbeschaffte Leistungen zur medizinischen Rehabilitation nach dem Neunten Buch Sozialgesetzbuch werden nach § 18 des Neunten Buches Sozialgesetzbuch erstattet.

§ 27 Erstattung von Kosten für medizinische Versorgung bei vorübergehendem Auslandsaufenthalt

(1) Geschädigten Personen werden bei einem vorübergehenden Aufenthalt im Ausland die Kosten einer im Ausland notwendigen medizinischen Versorgung der anerkannten Schädigungsfolge erstattet. Der Anspruch auf Erstattung besteht

bis zur Höhe der Vergütung, die der Leistungsträger bei Erbringung als Sachleistung im Inland zu tragen hätte. § 63 gilt entsprechend.

(2) Abweichend von Absatz 1 können die Kosten bis zur Höhe der tatsächlich entstandenen Kosten erstattet werden, wenn

1. eine dem allgemein anerkannten Stand der medizinischen Erkenntnisse entsprechende Behandlung im Inland nicht möglich ist oder
2. ein unaufschiebbarer Behandlungsbedarf bestand.

(3) Bei einer Erstattung der Kosten nach Absatz 1 oder Absatz 2 können auch weitere im Ausland im Zusammenhang mit der Leistung der medizinischen Versorgung anfallende notwendige Kosten der geschädigten Person und der Begleitperson ganz oder teilweise erstattet werden.

(4) Werden Kosten nach Absatz 1 oder Absatz 2 erstattet, besteht nach Maßgabe der §§ 19 bis 24 ein Anspruch auf Krankengeld der Soldatenentschädigung.

(5) Geschädigte Personen können stationäre Krankenhausleistungen im Ausland abweichend von Absatz 1 in Anspruch nehmen, wenn zuvor die zuständige Behörde zugestimmt hat. Die Zustimmung darf nur versagt werden, wenn die gleiche Behandlung oder eine Behandlung, die für die geschädigte Person ebenso wirksam ist und dem allgemein anerkannten Stand der medizinischen Erkenntnisse entspricht, rechtzeitig im Inland erlangt werden kann. War die stationäre Krankenhausbehandlung im Ausland unaufschiebbar, so darf der geschädigten Person das Fehlen der vorherigen Zustimmung nicht entgegengehalten werden, soweit und solange sie daran gehindert war, die Zustimmung einzuholen.

Kapitel 4
Leistungen zur Teilhabe am Arbeitsleben

Abschnitt 1
Grundsatz und Leistungen

§ 28 Voraussetzungen

Geschädigte Personen erhalten Leistungen zur Teilhabe am Arbeitsleben, wenn sie diese auf Grund der anerkannten Schädigungsfolge benötigen, um die Erwerbsfähigkeit entsprechend ihrer Leistungsfähigkeit zu erhalten, zu verbessern, herzustellen oder wiederherzustellen und dadurch ihre Teilhabe am Arbeitsleben möglichst auf Dauer zu sichern.

§ 29 Umfang der Leistungen

(1) Die Leistungen für geschädigte Personen, die sich nicht in einem Wehrdienstverhältnis befinden, werden nach Maßgabe der §§ 49 bis 59 des Neunten Buches Sozialgesetzbuch, bei anderen Leistungsanbietern nach § 60 des Neunten Buches Sozialgesetzbuch sowie als Budget für Arbeit nach § 61 des Neunten Buches Sozialgesetzbuch erbracht.

(2) Die Leistungen zur Teilhabe am Arbeitsleben umfassen insbesondere

1. Hilfen zur Erhaltung und Erlangung eines Arbeitsplatzes einschließlich Leistungen zur Aktivierung und beruflichen Eingliederung,
2. eine Berufsvorbereitung,
3. die individuelle betriebliche Qualifizierung im Rahmen Unterstützter Beschäftigung,
4. die berufliche Ausbildung, berufliche Anpassung und Weiterbildung sowie
5. die Förderung der Aufnahme einer selbstständigen Tätigkeit und sonstige Hilfen zur Förderung der Teilhabe am Arbeitsleben.

Bei der Auswahl der Leistungen werden Eignung, Neigung, bisherige Tätigkeit sowie Lage und Entwicklung auf dem Arbeitsmarkt angemessen berücksichtigt. Soweit notwendig, wird dabei die berufliche Eignung abgeklärt oder eine Arbeitserprobung durchgeführt.

(3) Soweit erforderlich, enthalten die Leistungen zur Teilhabe am Arbeitsleben auch die notwendigen Leistungen zur Teilhabe an Bildung.

§ 30 Übergangsgeld bei Leistungen zur Teilhabe am Arbeitsleben

(1) Geschädigte Personen, die sich nicht in einem Wehrdienstverhältnis befinden, erhalten Übergangsgeld für die Dauer einer Maßnahme zur Teilhabe am Arbeitsleben nach diesem Gesetz.

(2) Für die Höhe und die Berechnung des Übergangsgeldes gilt § 20 entsprechend. Schließt sich eine Maßnahme nach Kapitel 4 unmittelbar an den Bezug von Krankengeld der Soldatenentschädigung an, entspricht die Höhe des Übergangsgeldes der Höhe des zuletzt gezahlten Krankengeldes der Soldatenentschädigung.

(3) Wird die geschädigte Person während einer Maßnahme zur Teilhabe am Arbeitsleben infolge der anerkannten Schädigungsfolge arbeitsunfähig, wird Krankengeld der Soldatenentschädigung in der Höhe des Übergangsgeldes gewährt.

(4) § 71 Absatz 1 bis 3 und § 72 des Neunten Buches Sozialgesetzbuch gelten entsprechend.

§ 31 Soziale Sicherung der Bezieher von Übergangsgeld

Für die Zeit des Bezugs von Übergangsgeld werden zusätzlich Leistungen zur Alterssicherung entsprechend § 25 Absatz 1 Nummer 2, Absatz 2 und 3 geleistet.

Abschnitt 2
Ergänzende Leistungen

§ 32 Ergänzende Leistungen zur Teilhabe am Arbeitsleben

Leistungen zur Teilhabe am Arbeitsleben nach den §§ 6 bis 10 des Soldatenversorgungsgesetzes, nach § 3 des Einsatz-Weiterverwendungsgesetzes und nach diesem Gesetz können bei Vorliegen der anerkannten Schädigungsfolge ergänzt werden durch:

1. Leistungen zur Mobilität nach § 18,
2. Leistungen der Wohnungshilfe nach § 41 des Siebten Buches Sozialgesetzbuch,
3. Reisekosten und Verdienstausfall nach § 43 des Siebten Buches Sozialgesetzbuch,
4. Leistungen der Haushaltshilfe und Übernahme der Kinderbetreuungskosten nach § 42 des Siebten Buches Sozialgesetzbuch in Verbindung mit § 74 Absatz 1 bis 3 des Neunten Buches Sozialgesetzbuch,

soweit diese nicht bereits anderweitig erbracht werden.

Kapitel 5
Soziale Teilhabe und besondere Leistungen im Einzelfall

§ 33 Leistungen zur Sozialen Teilhabe und ergänzende Leistungen

(1) Geschädigte Personen erhalten Leistungen zur Sozialen Teilhabe und ergänzende Leistungen, um ihnen eine gleichberechtigte Teilhabe am Leben in der Gemeinschaft zu ermöglichen oder zu erleichtern, wenn

1. diese Leistungen auf Grund der anerkannten Schädigungsfolge notwendig sind und
2. die Leistungen nicht bereits im Rahmen der medizinischen Versorgung oder im Zusammenhang mit Maßnahmen zur Teilhabe am Arbeitsleben erbracht worden sind.

(2) Leistungen zur Sozialen Teilhabe nach Absatz 1 sind insbesondere:

1. Leistungen zur Mobilität nach § 18,
2. Leistungen der Wohnungshilfe nach § 41 des Siebten Buches Sozialgesetzbuch.

(3) Ergänzende Leistungen nach Absatz 1 sind insbesondere

1. Reisekosten nach § 43 des Siebten Buches Sozialgesetzbuch,
2. Leistungen der Haushaltshilfe oder Übernahme der Kinderbetreuungskosten nach § 42 des Siebten Buches Sozialgesetzbuch in Verbindung mit § 74 Absatz 1 bis 3 des Neunten Buches Sozialgesetzbuch.

§ 34 Leistungen der Eingliederungshilfe

Geschädigte Personen, die auf Grund der anerkannten Schädigungsfolge Eingliederungshilfe benötigen, erhalten die Leistungen der Eingliederungshilfe nach Teil 2 Kapitel 1, 2 und 6 des Neunten Buches Sozialgesetzbuch, soweit dieses Gesetz keine abweichende Regelung trifft. Die Leistungen der Eingliederungshilfe gehen anderen Leistungen nach diesem Gesetz nach.

§ 35 Leistungen zur Überwindung besonderer sozialer Schwierigkeiten

(1) Geschädigte Personen, bei denen auf Grund der anerkannten Schädigungsfolge eine besondere Lebenslage vorliegt, die mit sozialen Schwierigkeiten verbunden ist, können Leistungen zur Überwindung dieser Schwierigkeiten erhalten,

wenn sie aus eigener Kraft hierzu nicht fähig sind. Soweit der Bedarf durch Leistungen nach anderen Vorschriften gedeckt wird, gehen diese der Leistung nach Satz 1 vor.

(2) Die Leistungen umfassen alle Maßnahmen, die notwendig sind, um die Schwierigkeiten abzuwenden, zu beseitigen, zu mildern oder ihre Verschlimmerung zu verhüten, insbesondere Beratung und persönliche Betreuung der geschädigten Person. Die §§ 68 und 69 des Zwölften Buches Sozialgesetzbuch gelten entsprechend.

§ 36 Leistungen in sonstigen Lebenslagen

Leistungen können zur Deckung des schädigungsbedingten Bedarfs auch in sonstigen Lebenslagen erbracht werden, wenn sie den Einsatz öffentlicher Mittel unter Berücksichtigung der Ziele dieses Gesetzes rechtfertigen.

Kapitel 6
Erwerbsschadensausgleich

§ 37 Anspruch auf Erwerbsschadensausgleich

(1) Hat die geschädigte Person, die sich nicht in einem Wehrdienstverhältnis befindet, einen Erwerbsschaden infolge der anerkannten Schädigungsfolge, erhält sie einen monatlichen Erwerbsschadensausgleich, wenn

1. ein Grad der Schädigungsfolgen von mindestens 30 anerkannt worden ist und
2. Leistungen zur medizinischen Rehabilitation oder zur Teilhabe am Arbeitsleben nicht erfolgversprechend sind oder ihr nicht zugemutet werden können.

(2) Der Erwerbsschaden ist der schädigungsbedingte Unterschiedsbetrag zwischen dem derzeitigen Einkommen und dem Referenzeinkommen.

(3) Eine durch schädigungsunabhängige Einwirkungen, Ereignisse oder Verfügungen, insbesondere durch das Hinzutreten von schädigungsunabhängigen Gesundheitsstörungen, bewirkte Minderung des derzeitigen Einkommens bleibt bei der Berechnung des Erwerbsschadensausgleichs unberücksichtigt. In diesem Fall wird das derzeitige Einkommen (§ 38), das vor dem Eintritt der schädigungsunabhängigen Einwirkung, des Ereignisses oder der Verfügung erzielt worden ist, fiktiv angerechnet und jährlich nach § 39 Absatz 4 angepasst.

§ 38 Derzeitiges Einkommen

Derzeitiges Einkommen sind die in § 18a des Vierten Buches Sozialgesetzbuch genannten Einkommensarten, mit Ausnahme der in § 18a Absatz 1 Satz 1 Nummer 3 und Absatz 3 Satz 1 Nummer 10 des Vierten Buches Sozialgesetzbuch genannten Einkommensarten. Die §§ 18b und 18c des Vierten Buches Sozialgesetzbuch gelten entsprechend.

§ 39 Referenzeinkommen

(1) Das monatliche Referenzeinkommen beträgt bei einer geschädigten Person

1. ohne abgeschlossene Schulausbildung 2218 Euro,
2. ohne abgeschlossene Berufsausbildung 2294 Euro,

3. mit abgeschlossener Berufsausbildung 2614 Euro,
4. mit Techniker- oder Meisterprüfung 3065 Euro,
5. mit einem Bachelor- oder vergleichbaren Hochschulabschluss 3830 Euro und
6. mit einem Master- oder vergleichbaren Hochschulabschluss 5089 Euro.

Die Zuordnung des monatlichen Referenzeinkommens zu der geschädigten Person erfolgt anhand der Verhältnisse vor der erstmaligen Auswirkung der Schädigungsfolgen.

(2) Hat eine geschädigte Person in dem Beruf, den sie vor der Auswirkung der Schädigungsfolge ausgeübt hat, ein höheres Einkommen als das nach Absatz 1 festgelegte Referenzeinkommen erzielt, ist als Referenzeinkommen das vor der Auswirkung der Schädigungsfolge in den letzten zwölf Monaten oder, wenn dies günstiger ist, in den letzten 36 Monaten vor der Auswirkung der Schädigungsfolgen regelmäßig erzielte und nach § 38 zu ermittelnde Einkommen, höchstens jedoch 6402 Euro, zugrunde zu legen. Bei monatlich feststehendem Einkommen wird auf die Ermittlung eines durchschnittlichen Einkommens verzichtet, wenn dies günstiger ist.

(3) Wirkt sich die anerkannte Schädigungsfolge vor dem Abschluss einer Berufs- oder Hochschulausbildung auf die Fähigkeit aus, eine solche zu absolvieren, wird das Referenzeinkommen wie folgt festgesetzt: Bei geschädigten Personen,

1. die über das Zeugnis der Hauptschule, den qualifizierenden Hauptschulabschluss oder über einen als gleichwertig anerkannten Bildungsstand verfügen, zunächst nach Absatz 1 Nummer 2 und nach Ablauf von drei Jahren nach Absatz 1 Nummer 3,
2. die über das Zeugnis der Realschule oder über einen als gleichwertig anerkannten Bildungsstand verfügen, zunächst nach Absatz 1 Nummer 2, nach Ablauf von drei Jahren nach Absatz 1 Nummer 3 und nach Ablauf von weiteren sechs Jahren nach Absatz 1 Nummer 4,
3. die über das Zeugnis der allgemeinen Hochschulreife, der fachgebundenen Hochschulreife, der Fachhochschulreife oder über einen als gleichwertig anerkannten Bildungsstand verfügen, zunächst nach Absatz 1 Nummer 2, nach Ablauf von drei Jahren nach Absatz 1 Nummer 4 und nach Ablauf von weiteren sechs Jahren nach Absatz 1 Nummer 5.

Die Ermittlung des Referenzeinkommens nach Absatz 2 bleibt unberührt.

(4) Das Referenzeinkommen wird mit einem Anpassungsfaktor an die Veränderung der Bruttolöhne und -gehälter je Arbeitnehmer angepasst. Bruttolöhne und -gehälter je Arbeitnehmer sind die durch das Statistische Bundesamt ermittelten Bruttolöhne und -gehälter je Arbeitnehmer ohne Personen in Arbeitsgelegenheiten mit Entschädigungen für Mehraufwendungen jeweils nach der Systematik der Volkswirtschaftlichen Gesamtrechnungen (§ 68 Absatz 2 Satz 1 des Sechsten Buches Sozialgesetzbuch). Der Anpassungsfaktor für die Veränderung der Bruttolöhne und -gehälter je Arbeitnehmer wird ermittelt, indem deren Wert für das vergangene Kalenderjahr durch den Wert für das vorvergangene Kalenderjahr geteilt wird. § 68 Absatz 7 und § 121 Absatz 1 des Sechsten Buches Sozialgesetz-

buch gelten entsprechend. Eine Minderung des aktuellen Referenzeinkommens erfolgt nicht.

(5) Die Anpassung erfolgt durch Rechtsverordnung des Bundesministeriums der Verteidigung, die nicht der Zustimmung des Bundesrates bedarf, jeweils zum gleichen Zeitpunkt, zu dem die Renten der gesetzlichen Rentenversicherung angepasst werden.

§ 40 Dauer des Bezugs von Erwerbsschadensausgleich

Der Anspruch auf Erwerbsschadensausgleich endet mit Ablauf des Kalendermonats, der dem Kalendermonat vorausgeht, ab dem die geschädigte Person

1. Altersrente nach dem Sechsten Buch Sozialgesetzbuch bezieht,
2. eine der Altersrente entsprechende oder der Altersversorgung dienende Leistung erhält,
3. auf Grund eines Gesetzes, eines Tarifvertrags, einer Betriebsvereinbarung oder einer Vereinbarung mit dem Arbeitgeber von der Möglichkeit des vorzeitigen Übergangs in den Ruhestand unter Verzicht auf Erwerbseinkommen Gebrauch macht und deswegen ihre Erwerbstätigkeit aufgibt oder
4. die Regelaltersgrenze nach § 35 Satz 2 des Sechsten Buches Sozialgesetzbuch erreicht hat.

Satz 1 Nummer 4 gilt nicht, wenn die geschädigte Person zum Zeitpunkt des Erreichens der Regelaltersgrenze nach § 35 Satz 2 des Sechsten Buches Sozialgesetzbuch die für sie maßgebliche Regelaltersgrenze ihrer berufsständischen Versicherungs- oder Versorgungseinrichtung noch nicht erreicht hat.

§ 41 Soziale Sicherung der Erwerbsschadensausgleichsempfänger

(1) Die zuständige Behörde hat die Versicherungspflicht nach § 4 Absatz 3 Satz 1 Nummer 3 des Sechsten Buches Sozialgesetzbuch für geschädigte Personen für die Zeit, für die sie Erwerbsschadensausgleich erhalten, zu beantragen.

(2) Absatz 1 gilt nicht für geschädigte Personen,

1. die neben dem Bezug des Erwerbsschadensausgleichs wegen einer Beschäftigung oder selbstständigen Tätigkeit Pflichtmitglied in einer öffentlich-rechtlichen berufsständischen Versicherungs- oder Versorgungseinrichtung sind oder wären, wenn sie ihre Tätigkeit im Zuständigkeitsbereich der Versicherungs- oder Versorgungseinrichtung, der sie freiwillig angehören, ausübten, die für den Bezug von Erwerbsschadensausgleich zusätzliche Beiträge entgegennimmt, und
2. die einen Antrag auf Erstattung der zusätzlich für den Bezug von Erwerbsschadensausgleich an die öffentlich-rechtliche berufsständische Versicherungs- und Versorgungseinrichtung zu entrichtenden Beiträge stellen.

Die Erstattung erfolgt für nachgewiesene entrichtete Beiträge bis zur Höhe der Beiträge, die zur gesetzlichen Rentenversicherung für die Zeit des Bezugs von Erwerbsschadensausgleich zu entrichten wären, wenn für die geschädigte Person nach Absatz 1 eine Rentenversicherungspflicht beantragt worden wäre.

(3) In der gesetzlichen Krankenversicherung nach § 5 Absatz 1 Nummer 13 des Fünften Buches Sozialgesetzbuch versicherungspflichtig oder freiwillig in der gesetzlichen Krankenversicherung versicherte Empfängerinnen und Empfänger von Erwerbsschadensausgleich können auf Antrag einen Beitragszuschuss zu ihren Beiträgen zur gesetzlichen Kranken- und zur sozialen Pflegeversicherung in Höhe desjenigen Betrages erhalten, um den sich die Beiträge durch Berücksichtigung des Erwerbsschadensausgleichs bei der Beitragsbemessung erhöhen. Der Beitragszuschuss ist bei der Beitragsbemessung nach § 240 des Fünften Buches Sozialgesetzbuch nicht zu berücksichtigen. Der Anspruch nach Satz 1 ist ausgeschlossen, wenn die Empfängerin oder der Empfänger einen Anspruch auf einen Beitragszuschuss des Arbeitgebers nach § 257 Absatz 1 Satz 1 des Fünften Buches Sozialgesetzbuch und § 61 Absatz 1 Satz 1 des Elften Buches Sozialgesetzbuch hat.

Kapitel 7
Leistungen an Hinterbliebene

§ 42 Anspruchsvoraussetzungen

(1) Ist der Tod der geschädigten Person Folge einer Wehrdienstbeschädigung oder stirbt die geschädigte Person an der anerkannten Schädigungsfolge, erhalten die Hinterbliebenen Leistungen nach diesem Kapitel.

(2) Der Tod gilt als Schädigungsfolge, wenn die geschädigte Person an einer Gesundheitsstörung verstirbt, für die zum Zeitpunkt des Versterbens Ausgleich für gesundheitliche Schädigungsfolgen gewährt wurde.

§ 43 Ausgleichszahlung an Witwen und Witwer

(1) Die Witwe oder der Witwer der geschädigten Person erhält eine monatliche Ausgleichszahlung in Höhe von 750 Euro. § 13 gilt entsprechend.

(2) Der Anspruch auf die monatliche Ausgleichszahlung erlischt, wenn die Witwe oder der Witwer wieder heiratet.

(3) Die Witwe oder der Witwer hat zusätzlich zur Leistung nach Absatz 1 Anspruch auf eine monatliche Ausgleichszahlung in Höhe von 50 Prozent des zugrunde zu legenden Referenzeinkommens der geschädigten Person nach § 39 Absatz 1, soweit sie oder er

1. Waisen der verstorbenen geschädigten Person bis zur Vollendung des 12. Lebensjahres erzieht oder
2. Waisen der verstorbenen geschädigten Person, die wegen körperlicher, geistiger oder seelischer Behinderung außerstande sind, sich selbst zu unterhalten, erzieht und mit diesen Waisen in häuslicher Gemeinschaft lebt oder
3. voll erwerbsgemindert oder erwerbsunfähig nach dem Sechsten Buch Sozialgesetzbuch ist.

Mit Erreichen der Regelaltersgrenze beträgt die Ausgleichszahlung 30 Prozent des zugrunde zu legenden Referenzeinkommens der geschädigten Person nach § 39 Absatz 1.

(4) Für die Dauer des Bezugs der Ausgleichszahlung nach Absatz 3 wird folgendes Einkommen auf diese Leistung angerechnet:

1. Renten der Rentenversicherung wegen Todes, gekürzt um 14 Prozent,
2. Renten der Alterssicherung der Landwirte wegen Todes, gekürzt um 14 Prozent,
3. Witwen- und Witwerrente der Unfallversicherung, gekürzt um den Anteil der von der Witwe oder dem Witwer zu tragenden Beiträge zur Bundesagentur für Arbeit und, soweit Beiträge zur sonstigen Sozialversicherung oder zu einem Krankenversicherungsunternehmen gezahlt werden, zusätzlich um 10 Prozent,
4. Witwen- und Witwergeld und vergleichbare Bezüge aus einem öffentlich-rechtlichen Dienst- oder Amtsverhältnis oder aus einem versicherungsfreien Arbeitsverhältnis mit Anspruch auf Versorgung nach beamtenrechtlichen Vorschriften oder Grundsätzen und vergleichbare Bezüge aus der Versorgung der Abgeordneten sowie Leistungen nach dem Bundesversorgungsteilungsgesetz und vergleichbare Leistungen nach entsprechenden länderrechtlichen Regelungen, gekürzt um 25 Prozent,
5. Unfall-Hinterbliebenenversorgung und vergleichbare Bezüge aus einem öffentlich-rechtlichen Dienst- oder Amtsverhältnis oder aus einem versicherungsfreien Arbeitsverhältnis mit Anspruch auf Versorgung nach beamtenrechtlichen Vorschriften oder Grundsätzen sowie vergleichbare Bezüge aus der Versorgung der Abgeordneten, gekürzt um 25 Prozent,
6. Renten der öffentlich-rechtlichen Versicherungs- oder Versorgungseinrichtungen bestimmter Berufsgruppen wegen Todes, gekürzt um 29,6 Prozent,
7. Entschädigungszahlungen an Hinterbliebene nach dem Vierzehnten Buch Sozialgesetzbuch sowie nach Gesetzen, die die entsprechende Anwendung des Vierzehnten Buches Sozialgesetzbuch vorsehen,
8. Renten wegen Todes, die aus Anlass eines Arbeitsverhältnisses zugesagt worden sind, sowie Leistungen aus der Versorgungsausgleichskasse, gekürzt um 17,5 Prozent; sofern es sich dabei um Leistungen handelt, die der nachgelagerten Besteuerung unterliegen, gekürzt um 23 Prozent,
9. Leistung nach § 46 Absatz 1 in Verbindung mit § 30.

(5) Die Witwe oder der Witwer hat die Leistungen nach Absatz 4 nachzuweisen. Sie oder er kann verlangen, dass die Zahlstelle eine Bescheinigung über die von ihr im maßgebenden Zeitraum gezahlte Leistung und den Zeitraum, für den diese gezahlt wurde, ausstellt.

(6) § 41 Absatz 3 gilt entsprechend.

§ 44 Ausgleichszahlung an Waisen

(1) Waisen erhalten eine monatliche Ausgleichszahlung in Höhe von 400 Euro. § 13 gilt entsprechend.

(2) Waisen, die durch das Versterben des anderen Elternteils zu Vollwaisen werden, erhalten eine monatliche Ausgleichszahlung in Höhe von 650 Euro. § 13 gilt entsprechend.

15

(3) Die Ausgleichszahlung wird bis zu dem Kalendermonat gezahlt, in dem die Waise das 27. Lebensjahr vollendet.

§ 45 Ausgleichszahlung an Eltern

(1) Ist die geschädigte Person an der Schädigungsfolge verstorben, so erhalten die Eltern eine monatliche Ausgleichszahlung, wenn sie

1. voll erwerbsgemindert im Sinne des Sechsten Buches Sozialgesetzbuch sind,
2. aus anderen zwingenden Gründen eine zumutbare Erwerbstätigkeit nicht ausüben können oder
3. das 60. Lebensjahr vollendet haben,

frühestens jedoch von dem Kalendermonat an, in dem die geschädigte Person das 18. Lebensjahr vollendet hätte.

(2) Die monatliche Ausgleichszahlung an Eltern beträgt für jedes Kind, das an der Schädigungsfolge der Wehrdienstbeschädigung verstorben ist, 300 Euro. Sind mehrere anspruchsberechtigte Elternteile vorhanden, so wird die monatliche Ausgleichszahlung unter den anspruchsberechtigten Elternteilen zu gleichen Teilen aufgeteilt.

(3) § 13 gilt entsprechend.

§ 46 Leistungen zur Teilhabe am Arbeitsleben für Witwen und Witwer

(1) Witwen und Witwer können einmalig Leistungen zur Teilhabe am Arbeitsleben entsprechend der §§ 28 bis 32 erhalten. Wenn unmittelbar vor den Leistungen zur Teilhabe am Arbeitsleben kein Regelentgelt bezogen wurde, wird als Regelentgelt ein Betrag in Höhe der monatlichen Ausgleichszahlung nach § 43 Absatz 3 zugrunde gelegt.

(2) § 43 Absatz 1 bis 3 des Siebten Buches Sozialgesetzbuch und § 74 Absatz 1 bis 3 des Neunten Buches Sozialgesetzbuch gelten entsprechend.

Kapitel 8
Überführung und Bestattung

§ 47 Überführung

(1) Verstirbt die geschädigte Person an der Schädigungsfolge, werden derjenigen Person, die die Überführung bezahlt hat, die Überführungskosten erstattet. Der Anspruch auf Erstattung umfasst die tatsächlich entstandenen Kosten der Überführung an den Ort der Bestattung, soweit sie notwendig und angemessen sind.

(2) Auf den Betrag nach Absatz 1 werden einmalige Leistungen angerechnet, die anlässlich des Todes auf Grund öffentlich-rechtlicher Vorschriften zum Zweck der Übernahme der Kosten der Überführung erbracht werden.

(3) § 42 Absatz 2 ist anzuwenden.

§ 48 Bestattung

(1) Verstirbt die geschädigte Person an der Schädigungsfolge, werden derjenigen Person, die die Bestattung bezahlt hat, die Bestattungskosten erstattet. Der

Anspruch auf Erstattung umfasst die Kosten der Bestattung bis zur Höhe eines Siebtels der im Zeitpunkt des Todes geltenden jährlichen Bezugsgröße nach § 18 Absatz 1 des Vierten Buches Sozialgesetzbuch.

(2) Auf den Betrag nach Absatz 1 werden einmalige Leistungen angerechnet, die anlässlich des Todes auf Grund öffentlich-rechtlicher Vorschriften zum Zweck der Übernahme der Kosten der Bestattung erbracht werden.

(3) § 42 Absatz 2 ist anzuwenden.

Kapitel 9
Sterbegeld

§ 49 Sterbegeld

(1) Beim Tod der geschädigten Person wird Sterbegeld in Höhe des Zweifachen der monatlichen Zahlung des Ausgleichs für gesundheitliche Schädigungsfolgen und des Erwerbsschadensausgleichs gewährt, soweit diese Leistungen der geschädigten Person für den Sterbemonat bewilligt waren. Für den Fall, dass der geschädigten Person zum Zeitpunkt des Versterbens Leistungen nach Kapitel 15 bewilligt waren, tritt an die Stelle des Ausgleichs für gesundheitliche Schädigungsfolgen der Gesamtbetrag nach § 83 Absatz 1 und an die Stelle des Erwerbsschadensausgleichs der Berufsschadensausgleich nach § 82.

(2) Anspruchsberechtigt sind in nachstehender Rangfolge

1. die Witwe oder der Witwer der geschädigten Person,
2. die Waisen der geschädigten Person,
3. die Eltern der geschädigten Person,

wenn sie mit der geschädigten Person zum Zeitpunkt des Todes in häuslicher Gemeinschaft gelebt haben. Hat die geschädigte Person mit keiner dieser Personen in häuslicher Gemeinschaft gelebt, so ist das Sterbegeld nach der Rangfolge des Satzes 1 derjenigen Person zu zahlen, die von der geschädigten Person unterhalten wurde.

(3) Der Anspruch auf Sterbegeld ruht in Höhe der Leistung des Sterbegeldes nach den §§ 56 und 59 des Soldatenversorgungsgesetzes.

Kapitel 10
Sonstige Vorschriften

§ 50 Ausgleichszahlung an Partnerinnen und Partner einer verfestigten Lebensgemeinschaft

Die monatliche Ausgleichszahlung nach § 43 Absatz 1 erhalten auch Partnerinnen und Partner einer zum Zeitpunkt des Versterbens der geschädigten Person verfestigten Lebensgemeinschaft, sofern die geschädigte Person an den Schädigungsfolgen einer Wehrdienstbeschädigung verstorben ist und die Partnerin oder der Partner einer verfestigten Lebensgemeinschaft unter Verzicht auf eine Erwerbstätigkeit die Betreuung eines gemeinsamen Kindes ausübt. Dieser Anspruch besteht für die ersten drei Lebensjahre des Kindes. § 59 Absatz 2 gilt mit der

Maßgabe entsprechend, dass der Antrag auf Gewährung der Ausgleichszahlung innerhalb eines Jahres nach dem schädigungsbedingten Tod der geschädigten Person zu stellen ist.

§ 51 Erstattung von Kosten für psychotherapeutische Leistungen in besonderen Fällen

(1) Angehörigen und Hinterbliebenen werden die Kosten für psychotherapeutische Leistungen in angemessenem Umfang erstattet, wenn

1. die Leistungen zum Ausgleich psychischer Beeinträchtigungen, die mittelbar auf die für die Soldatin oder den Soldaten anerkannte Schädigungsfolge zurückzuführen sind, oder zur Erreichung oder Sicherung des Behandlungserfolgs notwendig sind und
2. der zuständige Leistungsträger oder das private Krankenversicherungsunternehmen seine Leistungspflicht verneint hat.

(2) § 26 Absatz 1 Satz 3 gilt entsprechend.

§ 52 Leistungen bei Wohnsitz oder gewöhnlichem Aufenthalt im Ausland für geschädigte Personen, die sich nicht in einem Wehrdienstverhältnis befinden

(1) Geschädigte Personen, die sich nicht in einem Wehrdienstverhältnis befinden und ihren Wohnsitz oder gewöhnlichen Aufenthalt im Ausland haben, erhalten Leistungen nach Maßgabe der Absätze 2 bis 8.

(2) Die nachgewiesenen Kosten für medizinisch notwendige und angemessene Leistungen der medizinischen Versorgung der anerkannten Schädigungsfolge nach § 16 Nummer 1 und 5 werden bis zur Höhe des Zweifachen der Vergütung erstattet, die bei Erbringung als Sachleistung im Inland angefallen wären. In besonders begründeten Fällen kann auch der darüberhinausgehende Betrag teilweise oder ganz erstattet werden. Leistungen der medizinischen Versorgung können auch im Inland nach vorheriger Genehmigung durch die zuständige Behörde durchgeführt werden, wenn medizinische Gründe oder Kostengründe dies erfordern. Reisekosten können in diesem Fall in angemessenem Umfang erstattet werden. § 63 gilt entsprechend.

(3) Die notwendigen Kosten für Arzneimittel und Verbandmittel sowie für Heilmittel und Hilfsmittel werden in voller Höhe erstattet.

(4) Die Kosten für weitere Leistungen der medizinischen Versorgung nach § 16 Nummer 6 bis 12 werden bis zu der Höhe erstattet, die bei Erbringung im Inland angefallen wären.

(5) Erstattungen werden nur erbracht, soweit die Bedarfe nicht durch bestehende gesetzliche oder private Versicherungen oder staatliche Leistungen des Wohnsitzstaates im Wohnsitzstaat gedeckt werden können.

(6) Ist im Wohnsitzstaat weder eine Leistung zweckentsprechend der Leistung des Krankengeldes der Soldatenentschädigung zu verwirklichen, noch können geschädigte Personen diesen Bedarf durch einen bestehenden privaten oder gesetzlichen Versicherungsschutz decken und entsteht ihnen hieraus ein Nachteil, wird ihnen Krankengeld der Soldatenentschädigung gewährt, wie es auch

bei einem Wohnsitz oder gewöhnlichen Aufenthalt im Inland gezahlt worden wäre.

(7) Ausgleich für gesundheitliche Schädigungsfolgen wird gewährt, soweit der Leistungszweck erreicht werden kann. Der Leistungszweck wird insbesondere dann nicht erreicht, wenn der Wohnsitz- oder Aufenthaltsstaat Zahlungen nach diesem Gesetz auf eigene Sozialleistungen ganz oder teilweise anrechnet.

(8) Ein Anspruch auf Erwerbsschadensausgleich besteht nicht. Verlegen geschädigte Personen, für die bereits ein Erwerbsschadensausgleich bewilligt wurde, ihren Wohnsitz oder gewöhnlichen Aufenthalt ins Ausland, so ist ihnen auf Antrag eine Abfindung in Höhe des 30-fachen des festgestellten monatlichen Erwerbsschadensausgleichs auszuzahlen. Der Antrag auf Auszahlung der Abfindung ist bei der zuständigen Behörde bis spätestens drei Monate nach Verlegung des Wohnsitzes oder gewöhnlichen Aufenthalts ins Ausland zu stellen. Durch die Zahlung der Abfindung sind alle Ansprüche der geschädigten Person auf Erwerbsschadensausgleich abgegolten.

§ 53 Schadensersatz

(1) Geschädigte Personen haben auf Grund der anerkannten Schädigungsfolge gegen den Bund nur die auf diesem Gesetz beruhenden Ansprüche.

(2) Weitergehende Ansprüche nach allgemeinen gesetzlichen Vorschriften können gegen einen öffentlich-rechtlichen Dienstherrn im Bundesgebiet oder gegen die in seinem Dienst stehenden Personen nur dann geltend gemacht werden, wenn die als Schädigungsfolge anerkannte Gesundheitsstörung

1. durch eine vorsätzliche unerlaubte Handlung einer solchen Person verursacht worden ist oder
2. bei der Teilnahme am allgemeinen Verkehr eingetreten ist.

(3) Im Fall des Absatzes 2 Nummer 2 sind Leistungen nach diesem Gesetz auf die weitergehenden Ansprüche anzurechnen.

(4) Ersatzansprüche gegen andere Personen sowie nach § 31a des Soldatengesetzes bleiben unberührt.

§ 54 Erstattung von Sachschäden und besonderen Aufwendungen

(1) Werden bei einem während der Ausübung des Wehrdienstes erlittenen Unfall neben der gesundheitlichen Schädigung Kleidungsstücke oder andere Gegenstände, welche die Soldatin oder der Soldat mit sich geführt hat, beschädigt, zerstört oder sind solche Gegenstände abhandengekommen, kann auf Antrag Ersatz in angemessener Höhe geleistet werden. Der Ersatz ist in der Regel auf Kleidungsstücke und sonstige Gegenstände des täglichen Bedarfs zu beschränken, welche die geschädigte Person im Dienst benötigt oder üblicherweise mit sich führt; hierzu gehört auch ein Kraftfahrzeug.

(2) Absatz 1 gilt für Soldatinnen und Soldaten auch bei Vorliegen der Voraussetzungen des § 4.

(3) Sind einer Soldatin oder einem Soldaten nach einem Unfall während der Ausübung des Wehrdienstes besondere Kosten entstanden, weil Dritte erste Hilfe geleistet haben, sind die nachweisbar notwendigen Aufwendungen zu ersetzen.

(4) Hat die Soldatin oder der Soldat den Unfall vorsätzlich oder grob fahrlässig herbeigeführt, so ist ein Ersatz des Schadens und der notwendigen Aufwendungen ausgeschlossen.

§ 55 Ansprüche gegen Schadensersatzpflichtige

(1) Für den Übergang eines Anspruchs der geschädigten Person auf Ersatz eines Schadens auf den Kostenträger der Soldatenentschädigung gilt § 116 des Zehnten Buches Sozialgesetzbuch entsprechend.

(2) Ein Ersatzanspruch nach Absatz 1 kann nicht zum Nachteil der geschädigten Person geltend gemacht werden. Dies gilt insbesondere, wenn die Schadensersatzleistungen nicht ausreichen, um den gesamten Schaden zu ersetzen. In diesen Fällen sind die Schadensersatzansprüche der geschädigten Person vorrangig gegenüber den Ansprüchen des Kostenträgers der Soldatenentschädigung.

(3) Die Krankenkassen und die Unfallversicherung Bund und Bahn haben der zuständigen Behörde die Tatsachen mitzuteilen, aus denen sich ergibt, dass ein Dritter den Schaden verursacht hat. Auf Anfrage haben die Krankenkassen und die Unfallversicherung Bund und Bahn der zuständigen Behörde Angaben darüber zu machen, in welcher Höhe ihnen Kosten für Leistungen der medizinischen Versorgung entstanden sind. Dies gilt nicht für nichtstationäre ärztliche Behandlungen und die Versorgung mit Arznei- und Verbandmitteln.

§ 56 Erstattung des fortgezahlten Arbeitsentgelts an den privaten Arbeitgeber

(1) Ist die frühere Soldatin oder der frühere Soldat ab dem Tag nach dem Ende des auf einer Dienstpflicht beruhenden Wehrdienstverhältnisses arbeitsunfähig, wird dem privaten Arbeitgeber, der auf Grund eines bereits vor Beginn des Wehrdienstverhältnisses bestehenden Arbeitsverhältnisses zur Fortzahlung des Arbeitsentgelts im Krankheitsfall verpflichtet ist, das fortgezahlte Arbeitsentgelt erstattet. Die darauf entfallenden, vom Arbeitgeber zu tragenden und abgeführten Beiträge zur Sozialversicherung und zur Arbeitsförderung sowie zu Einrichtungen der zusätzlichen Alters- und Hinterbliebenenversorgung werden ebenfalls erstattet.

(2) Die Erstattung nach Absatz 1 ist auf den Zeitraum beschränkt, für den der Arbeitgeber zur Fortzahlung des Arbeitsentgelts im Krankheitsfall verpflichtet ist. Die Erstattung endet schon früher, wenn die am Tag nach dem Ende des Wehrdienstverhältnisses bestehende Arbeitsunfähigkeit entfällt oder nicht mehr durch die anerkannte Schädigungsfolge verursacht ist.

(3) Kann die frühere Soldatin oder der frühere Soldat auf Grund gesetzlicher Vorschriften von einem Dritten Ersatz wegen des Verdienstausfalls, der ihm durch die Arbeitsunfähigkeit entstanden ist, verlangen, so kann der Arbeitgeber die Erstattung nur gegen Abtretung des nach § 6 Absatz 1 des Entgeltfortzahlungsgesetzes übergegangenen Anspruchs im Umfang der durch Absatz 1 begründeten Erstattungspflicht verlangen.

(4) Die Aufwendungen des Arbeitgebers werden durch die zuständige Behörde erstattet. Die Erstattung wird erst nach Anerkennung der Schädigungsfolge geleistet. Der Anspruch auf die Erstattung verjährt mit Ablauf von vier Jahren nach dem Ende des Jahres, in dem das Wehrdienstverhältnis beendet worden ist.

Kapitel 11
Härtefallregelung

§ 57 Ausgleich in Härtefällen

(1) Soweit sich im Einzelfall bei Vorliegen der anerkannten Schädigungsfolge aus der Anwendung dieses Gesetzes eine besondere Härte ergibt, kann mit Zustimmung des Bundesministeriums der Verteidigung ein angemessener Ausgleich erbracht werden.

(2) Eine besondere Härte ist gegeben, wenn der Ausschluss von Leistungen insgesamt oder der Ausschluss von einzelnen Leistungen dem Sinn und Zweck dieses Gesetzes widerspricht.

(3) Das Bundesministerium der Verteidigung kann Härteausgleichen in gleichgelagerten Fallgestaltungen allgemein zustimmen.

Kapitel 12
Verfahrensvorschriften

Abschnitt 1
Allgemeine Verfahrensvorschriften

§ 58 Beweiserhebung und Beweiserleichterung

(1) Ist eine notwendige Anhörung der geschädigten Person, der Hinterbliebenen oder anderer Personen vor der zuständigen Behörde mit unverhältnismäßigem Aufwand verbunden, insbesondere wegen der Entfernung des Aufenthaltsorts der zu hörenden Personen, so kann eine andere Behörde um die Erledigung der Anhörung ersucht werden.

(2) Die Angaben der geschädigten Person oder ihrer Hinterbliebenen, die sich auf die mit der Gesundheitsstörung oder mit dem Wehrdienst im Zusammenhang stehenden Tatsachen beziehen, sind, wenn Beweismittel nicht vorhanden oder nicht zu beschaffen oder ohne Verschulden der geschädigten Person oder ihrer Hinterbliebenen verlorengegangen sind, der Entscheidung zu Grunde zu legen, soweit sie nach den Umständen des Falles glaubhaft erscheinen.

(3) Die zuständige Behörde kann von der geschädigten Person, den Hinterbliebenen und anderen Personen die Abgabe einer Versicherung an Eides statt über die Richtigkeit ihrer Angaben nach Absatz 2 verlangen. In gleicher Weise kann von den Sachverständigen die Abgabe einer Versicherung an Eides statt über die Richtigkeit ihrer Angaben verlangt werden.

§ 59 Leistungsbeginn und vorläufige Entscheidung

(1) Bei erstmaligem Antrag auf Anerkennung der Schädigungsfolge sind Leistungen ab dem Kalendermonat zu erbringen, in dem die Voraussetzungen vorliegen, frühestens ab dem Kalendermonat, in dem der Antrag gestellt wird. Wird das Verwaltungsverfahren von Amts wegen eingeleitet, beginnt die Leistung mit dem Kalendermonat, in dem die anspruchsbegründenden Tatsachen der zuständigen Behörde bekannt geworden sind.

(2) Stellt die geschädigte Person den Antrag auf Anerkennung der Schädigungsfolge innerhalb eines Jahres nach Eintritt der sekundären Gesundheitsstörung, werden Leistungen ab dem Zeitpunkt des Eintritts der Schädigungsfolge erbracht. War die geschädigte Person ohne ihr Verschulden an der Antragstellung innerhalb der Jahresfrist nach Satz 1 gehindert, verlängert sich diese Frist um den Zeitraum der Verhinderung.

(3) Über die Erbringung von Leistungen kann auf Antrag vorläufig entschieden werden,

1. wenn zur Feststellung der Voraussetzungen des Leistungsanspruchs oder eines Teils des Leistungsanspruchs weitere Ermittlungen notwendig sind,
2. die Voraussetzungen für den Anspruch oder einen Teil des Anspruchs mit hinreichender Wahrscheinlichkeit vorliegen,
3. die Antragstellerin oder der Antragsteller ein berechtigtes Interesse an der vorläufigen Entscheidung hat und
4. die Antragstellerin oder der Antragsteller die Umstände, die einer sofortigen abschließenden Entscheidung entgegenstehen, nicht zu vertreten hat.

(4) Der Grund der Vorläufigkeit ist in der Entscheidung anzugeben. Nach Abschluss der Ermittlungen ist eine endgültige Entscheidung zu treffen. Auf Grund der vorläufigen Entscheidung erbrachte Leistungen sind auf die zustehende Leistung anzurechnen. Soweit mit der endgültigen Entscheidung ein Leistungsanspruch nicht oder nur in geringerer Höhe zuerkannt wird und ein Erstattungsanspruch gegen einen anderen Leistungsträger nach den §§ 102 bis 114 des Zehnten Buches Sozialgesetzbuch nicht in Betracht kommt, sind Leistungen, die auf Grund der vorläufigen Entscheidung erbracht worden sind, vom Empfänger zu erstatten. § 50 des Zehnten Buches Sozialgesetzbuch ist zu beachten.

§ 60 Änderungen und Ende von Leistungen

(1) Ändern sich aus tatsächlichen oder rechtlichen Gründen die Voraussetzungen für die Höhe einer Leistung nach ihrer Feststellung, so wird die Leistung in neuer Höhe nach Ablauf des Kalendermonats gewährt, in dem diese Änderung eingetreten ist.

(2) Fallen aus tatsächlichen oder rechtlichen Gründen die Anspruchsvoraussetzungen für eine Leistung weg, so wird die Leistung bis zum Ende des Kalendermonats gewährt, in dem die Anspruchsvoraussetzungen weggefallen sind.

(3) Beruht die Minderung oder der Wegfall der Leistungen, deren Höhe vom Einkommen beeinflusst wird, auf einer Erhöhung dieses Einkommens, so tritt die Minderung oder der Wegfall mit dem Kalendermonat ein, in dem das Einkommen sich erhöht hat.

(4) Leistungen werden bis zum Ende des Kalendermonats gewährt, in dem die geschädigte Person verstorben ist, die Zahlung von Dienstbezügen nach § 60 des Soldatenversorgungsgesetzes endet oder der Tod der geschädigten Person nach dem Verschollenheitsgesetz erklärt wurde. Kehrt die verschollene geschädigte Person zurück, lebt der Anspruch auf Leistungen nach diesem Gesetz wieder auf.

§ 61 Beginn der Leistungen an Hinterbliebene

(1) Die Leistungen an Hinterbliebene beginnen frühestens mit dem auf den Sterbemonat folgenden Kalendermonat. Kinder, die nach dem Versterben der geschädigten Person geboren werden, erhalten Leistungen vom ersten Tag des Geburtsmonats an.

(2) § 59 Absatz 2 gilt mit der Maßgabe entsprechend, dass der Antrag auf Gewährung der Ausgleichszahlung innerhalb eines Jahres nach dem schädigungsbedingten Tod der geschädigten Person zu stellen ist.

§ 62 Auszahlung, Geldleistungen

(1) In Ergänzung zu § 47 des Ersten Buches Sozialgesetzbuch gilt § 118 Absatz 3 bis 4a des Sechsten Buches Sozialgesetzbuch entsprechend.

(2) Alle laufenden Geldleistungen werden monatlich im Voraus geleistet, und zwar am letzten Arbeitstag des Kalendermonats, der dem Kalendermonat vorausgeht, für den sie bestimmt sind.

§ 63 Umrechnung von ausländischem Einkommen

(1) Ist Einkommen zu berücksichtigen, das in fremder Währung erzielt wird, wird es nach dem Referenzkurs in Euro umgerechnet, den die Europäische Zentralbank öffentlich bekannt gibt. Wird für die fremde Währung von der Europäischen Zentralbank ein Referenzkurs nicht veröffentlicht, wird das Einkommen nach dem von der Deutschen Bundesbank ermittelten Mittelkurs für die Währung des betreffenden Landes umgerechnet; für Länder mit differenziertem Kurssystem ist der Kurs für den nichtkommerziellen Bereich zugrunde zu legen.

(2) Bei Berücksichtigung von Einkommen ist in den Fällen, in denen der Beginn der Leistung oder der neu berechneten Leistung in der Vergangenheit liegt, der Umrechnungskurs für den Kalendermonat maßgebend, in dem die Anrechnung des Einkommens beginnt. Bei Berücksichtigung von Einkommen ist in den Fällen, in denen der Beginn der Leistung oder der neu berechneten Leistung nicht in der Vergangenheit liegt, der Umrechnungskurs für den ersten Kalendermonat des Kalendervierteljahres maßgebend, das dem Beginn der Berücksichtigung von Einkommen vorausgeht. Überstaatliches Recht bleibt unberührt.

(3) Der angewandte Umrechnungskurs bleibt so lange maßgebend, bis

1. die Geldleistung zu ändern ist,
2. sich das zu berücksichtigende Einkommen ändert oder
3. eine Kursveränderung von mehr als 10 Prozent gegenüber der letzten Umrechnung eintritt, jedoch nicht vor Ablauf von drei Kalendermonaten.

(4) Die Kursveränderung nach Absatz 3 Nummer 3 sowie der neue Umrechnungskurs werden in entsprechender Anwendung von Absatz 2 ermittelt.

§ 64 Pfändbarkeit von Ansprüchen

Ansprüche auf Leistungen nach den §§ 11, 43 Absatz 1, §§ 44, 45, 50 und 83 Absatz 1 können nicht gepfändet werden.

§ 65 Ruhensregelung

Soweit Ansprüche der geschädigten Person nach diesem Gesetz und Ansprüche der geschädigten Person aus dem Beamtenverhältnis nach der beamtenrechtlichen

Unfallfürsorge auf derselben Ursache beruhen, ruhen die Ansprüche nach diesem Gesetz insoweit, als auf Grund derselben Ursache Ansprüche auf entsprechende Leistungen nach den beamtenrechtlichen Vorschriften über die Unfallfürsorge bestehen.

§ 66 Zuständigkeit und Kostentragung beim Zusammentreffen von Ansprüchen

Für die Festsetzung nach § 6 Absatz 4 ist die Behörde zuständig, die auf Grund der weiteren Gesundheitsstörung über Ansprüche entscheidet. Die durch das Hinzutreten einer weiteren Gesundheitsstörung verursachten Kosten sind von dem Leistungsträger zu tragen, der für die Entscheidung über Ansprüche auf Grund der weiteren gesundheitlichen Schädigung zuständig ist.

§ 67 Fallmanagement

(1) Die zuständige Behörde führt auf Verlangen oder mit Einwilligung der geschädigten Person oder deren Hinterbliebenen ein Fallmanagement durch.

(2) Das Fallmanagement ist die aktivierende und koordinierende Begleitung der geschädigten Person oder der Hinterbliebenen im Verwaltungsverfahren. Ergänzend sind die Vorschriften zum Verfahren bei einer Mehrheit von Rehabilitationsträgern nach dem Neunten Buch Sozialgesetzbuch zu beachten.

§ 68 Erstattung von Leistungen durch öffentlich-rechtliche Stellen

(1) Hat die zuständige Behörde als Träger der Soldatenentschädigung Leistungen erbracht und stellt sich nachträglich heraus, dass eine andere öffentlich-rechtliche Stelle, die nicht Leistungsträger nach § 12 des Ersten Buches Sozialgesetzbuch ist, zur Leistung verpflichtet gewesen wäre, hat die zur Leistung verpflichtete Stelle die Aufwendungen zu erstatten. Der Umfang der Erstattung richtet sich nach den Rechtsvorschriften, die für die zur Leistung verpflichtete Stelle gelten.

(2) Hat eine öffentlich-rechtliche Stelle, die nicht Leistungsträger nach § 12 des Ersten Buches Sozialgesetzbuch ist, Leistungen erbracht und stellt sich nachträglich heraus, dass die zuständige Behörde als Träger der Soldatenentschädigung zur Leistung verpflichtet gewesen wäre, so hat die zuständige Behörde der Soldatenentschädigung die Aufwendungen zu erstatten. Der Umfang der Erstattung richtet sich nach den Rechtsvorschriften dieses Gesetzes.

(3) In den Fällen der Absätze 1 und 2 werden Verwaltungskosten nicht erstattet.

§ 69 Erlass von Verwaltungsvorschriften

Das Bundesministerium der Verteidigung erlässt die zur Durchführung dieses Gesetzes notwendigen allgemeinen Verwaltungsvorschriften.

§ 70 Zuständigkeit

(1) Die Durchführung der Aufgaben nach diesem Gesetz erfolgt durch die Bundeswehrverwaltung. Diese ist Träger der Soldatenentschädigung.

(2) Die Erbringung der folgenden Leistungen wird auf die Unfallversicherung Bund und Bahn übertragen:

1. Leistungen der medizinischen Versorgung nach Kapitel 3 Abschnitt 2 Unterabschnitt 1 und 2 und die Leistungen der Hilfsmittelversorgung nach den Kapiteln 3 bis 5 für alle früheren Soldatinnen und Soldaten nach § 31 Absatz 2 des Siebten Buches Sozialgesetzbuch,
2. Leistungen zur Teilhabe am Arbeitsleben nach Kapitel 4 für geschädigte Personen, die sich nicht im Wehrdienstverhältnis befinden,
3. Leistungen zur Teilhabe am Arbeitsleben nach § 46 sowie
4. Leistungen der Wohnungshilfe.

(3) Die Unfallversicherung Bund und Bahn kann mit Zustimmung des Bundesministeriums der Verteidigung andere Sozialleistungsträger mit einer ihr obliegenden Aufgabe, beispielsweise mit der Berechnung und Gewährung des Krankengeldes der Soldatenentschädigung oder des Übergangsgeldes, beauftragen. Die Einzelheiten der Beauftragung einschließlich der Erstattung der Aufwendungen und Verwaltungskosten werden durch Vereinbarung geregelt.

Abschnitt 2
Vorverfahren und Rechtsweg

§ 71 Vorverfahren

(1) § 78 des Sozialgerichtsgesetzes gilt mit der Maßgabe, dass

1. es eines Vorverfahrens auch dann bedarf, wenn das Bundesministerium der Verteidigung den Verwaltungsakt erlassen hat,
2. das Bundesministerium der Verteidigung den Widerspruchsbescheid erlässt,
3. für Soldatinnen und Soldaten, solange sie sich in einem Wehrdienstverhältnis befinden, die Wehrbeschwerdeordnung anzuwenden ist und die Beschwerde keine aufschiebende Wirkung hat.

(2) Das Bundesministerium der Verteidigung kann die Zuständigkeit für die Entscheidung im Rechtsbehelfsverfahren durch allgemeine Anordnung auf eine andere Behörde übertragen. Die Anordnung ist im Bundesgesetzblatt zu veröffentlichen.

§ 72 Rechtsweg und Vertretung

(1) Das Bundessozialgericht entscheidet im ersten und letzten Rechtszug über Klagen von

1. Soldatinnen und Soldaten, die dem Bundesnachrichtendienst angehören oder angehört haben,
2. Hinterbliebenen der in Nummer 1 genannten Personen.

(2) Bei Rechtsstreitigkeiten in Angelegenheiten nach diesem Gesetz wird die Bundesrepublik Deutschland durch die Bundesministerin oder den Bundesminister der Verteidigung vertreten. Diese oder dieser kann die Vertretung durch allgemeine Anordnung an eine Behörde übertragen. Die allgemeine Anordnung ist im Bundesgesetzblatt zu veröffentlichen.

Kapitel 13
Datenverarbeitung

§ 73 Übermittlung zwischen der nach § 70 Absatz 1 zuständigen Behörde und der Unfallversicherung Bund und Bahn

Die im Rahmen der Aufgabenerfüllung nach diesem Gesetz erhobenen und gespeicherten Sozialdaten dürfen im Rahmen der Aufgabenerfüllung nach diesem Gesetz zwischen der nach § 70 Absatz 1 zuständigen Behörde und der Unfallversicherung Bund und Bahn übermittelt werden. Im Übrigen gelten die Vorschriften des Zweiten Kapitels des Zehnten Buches Sozialgesetzbuch.

§ 74 Erhebung, Speicherung und Übermittlung von Daten durch Ärztinnen und Ärzte, Zahnärztinnen und Zahnärzte und Psychotherapeutinnen und Psychotherapeuten

Ärztinnen und Ärzte, Zahnärztinnen und Zahnärzte sowie Psychologische Psychotherapeutinnen und Psychologische Psychotherapeuten, die nach diesem Gesetz an der medizinischen Versorgung beteiligt sind, erheben, speichern und übermitteln an die zuständige Behörde oder die Unfallversicherung Bund und Bahn Daten über die Behandlung und den Gesundheitszustand der geschädigten Person sowie andere personenbezogene Daten, soweit dies für Zwecke der medizinischen Versorgung und die Erbringung sonstiger Leistungen nach diesem Gesetz einschließlich der Überprüfung der Leistungsvoraussetzungen und der Abrechnung der Leistungen erforderlich ist. Ferner erheben, speichern und übermitteln sie die Daten, die für ihre Entscheidung, eine medizinische Versorgung durchzuführen, maßgeblich waren, an die in Satz 1 genannten Stellen.

§ 75 Auskunftspflicht von Ärztinnen und Ärzten, Zahnärztinnen und Zahnärzten und Psychotherapeutinnen und Psychotherapeuten

Ärztinnen und Ärzte, Zahnärztinnen und Zahnärzte sowie Psychologische Psychotherapeutinnen und Psychologische Psychotherapeuten, die nicht an einer medizinischen Versorgung nach diesem Gesetz beteiligt sind, sind verpflichtet, der nach § 70 Absatz 1 zuständigen Behörde und der Unfallversicherung Bund und Bahn auf Verlangen Auskunft über die Behandlung, den Gesundheitszustand sowie über Erkrankungen und frühere Erkrankungen der geschädigten Person zu erteilen, soweit dies für Zwecke der medizinischen Versorgung und die Erbringung sonstiger Leistungen nach diesem Gesetz einschließlich der Überprüfung der Leistungsvoraussetzungen erforderlich ist. Das Auskunftsverlangen ist auf solche Erkrankungen oder auf solche Bereiche von Erkrankungen zu beschränken, die mit der Wehrdienstbeschädigung in einem ursächlichen Zusammenhang stehen können. § 98 Absatz 2 Satz 2 des Zehnten Buches Sozialgesetzbuch gilt entsprechend.

§ 76 Auskunftspflicht der Krankenkassen und privaten Krankenversicherungen

Die nach § 70 Absatz 1 zuständige Behörde und die Unfallversicherung Bund und Bahn können von den Krankenkassen und privaten Krankenversicherungen, den Trägern der Unfallversicherung und der Rentenversicherung Auskunft über die

Behandlung, den Gesundheitszustand sowie über Erkrankungen und frühere Erkrankungen der geschädigten Person verlangen, soweit dies für die Feststellung von Ansprüchen nach diesem Gesetz erforderlich ist. Das Auskunftsverlangen zur Feststellung einer Gesundheitsstörung ist auf solche Erkrankungen oder auf solche Bereiche von Erkrankungen zu beschränken, die mit der Wehrdienstbeschädigung in einem ursächlichen Zusammenhang stehen können.

§ 77 Übermittlung innerhalb der Bundeswehr

(1) Die nach § 70 Absatz 1 zuständige Behörde teilt der nach dem Soldatengesetz für die Führung der Gesundheitsakte zuständigen Stelle zum Zweck der Bewertung der medizinischen oder psychologischen Eignung die Anerkennung der Schädigungsfolge und den Grad der Schädigungsfolgen mit.

(2) Truppenärztinnen und Truppenärzte, Vertragsärztinnen und Vertragsärzte der Bundeswehr, Truppenzahnärztinnen und Truppenzahnärzte sowie Vertragszahnärztinnen und Vertragszahnärzte der Bundeswehr sind berechtigt, der nach § 70 Absatz 1 zuständigen Behörde Fälle einer möglichen Wehrdienstbeschädigung anzuzeigen.

§ 78 Auskunftsrecht

Für die Auskunft an die geschädigte Person auf Grund ihres Auskunftsrechts nach Artikel 15 der Verordnung (EU) 2016/679 des Europäischen Parlaments und des Rates vom 27. April 2016 zum Schutz natürlicher Personen bei der Verarbeitung personenbezogener Daten, zum freien Datenverkehr und zur Aufhebung der Richtlinie 95/46/EG (Datenschutz-Grundverordnung) (ABl. L 119 vom 4. 5. 2016, S. 1; L 314 vom 22. 11. 2016, S. 72; L 127 vom 23. 5. 2018, S. 2) in der jeweils geltenden Fassung über die nach den §§ 73 bis 77 übermittelten Angaben zu ihren gesundheitlichen Verhältnissen gilt § 25 Absatz 2 des Zehnten Buches Sozialgesetzbuch entsprechend.

Kapitel 14
Statistische Erhebungen

§ 79 Statistik

(1) Die zuständige Behörde ist im Rahmen der Aufgabenerfüllung nach diesem Gesetz befugt, statistische Daten zum Umfang und zur Qualität der Aufgabenerledigung zu erheben und als amtliche Statistik zu veröffentlichen.

(2) Das Bundesministerium der Verteidigung wird ermächtigt, durch Rechtsverordnung, die nicht der Zustimmung des Bundesrates bedarf, das Nähere über die zu erhebenden Merkmale und die Durchführung des Verfahrens, insbesondere Erhebung, Übermittlung und Speicherung der erhobenen Daten zu regeln. Die erhobenen Daten dürfen ausschließlich für statistische Zwecke verwendet werden. Die Vorschriften der Geheimhaltung nach § 16 des Bundesstatistikgesetzes gelten entsprechend. Das Statistikgeheimnis ist durch technische und organisatorische Maßnahmen der Trennung zwischen statistischen und nichtstatistischen Aufgaben einzuhalten.

Kapitel 15
Übergangsvorschriften und Fortgeltung

§ 80 Grundsätze

(1) Personen, die im Dezember 2024 Leistungen nach § 80 des Soldatenversorgungsgesetzes in der am 31. Dezember 2024 geltenden Fassung erhalten und deren Ansprüche vor dem 1. Januar 2025 unanfechtbar festgestellt sind, erhalten diese Leistungen weiter nach Maßgabe des Kapitels 15. Kurzfristige Unterbrechungen im Leistungsbezug unmittelbar vor dem 31. Dezember 2024 lassen die Ansprüche auf Leistungen nach Satz 1 unberührt.

(2) Über einen bis zum 31. Dezember 2024 gestellten und nicht bestandskräftig beschiedenen Antrag auf Leistungen nach dem Soldatenversorgungsgesetz in Verbindung mit dem Bundesversorgungsgesetz ist nach dem zum Zeitpunkt der Antragstellung geltenden Recht zu entscheiden. Bei rückwirkender Leistungsfeststellung und Leistungsgewährung für Dezember 2024 werden die Berechtigten so gestellt, als hätten sie die Geldleistung im Dezember 2024 bezogen.

(3) Geldleistungen nach § 11 erhalten die Personen, deren Ansprüche vor dem 1. Januar 2025 unanfechtbar festgestellt worden sind und die

1. im Dezember 2024 ausschließlich Leistungen nach § 85 oder § 80 in Verbindung mit § 108 Absatz 2 Satz 1 Nummer 1 bis 3 des Soldatenversorgungsgesetzes in der am 31. Dezember 2024 geltenden Fassung oder
2. Leistungen nach § 80 in Verbindung mit § 108 Absatz 2 Satz 1 Nummer 1 bis 3 des Soldatenversorgungsgesetzes in der am 31. Dezember 2024 geltenden Fassung sowie Berufsschadensausgleich nach § 80 des Soldatenversorgungsgesetzes in der am 31. Dezember 2024 geltenden Fassung in Verbindung mit § 30 des Bundesversorgungsgesetzes in der am 31. Dezember 2023 geltenden Fassung

erhalten. Die bisher anerkannten Schädigungsfolgen sowie die Bemessung des Grades der Schädigungsfolgen für die Entscheidung über die Leistungen gelten als rechtsverbindlich festgestellt. Führt die Anwendung des § 11 zu geringeren Leistungen, werden mindestens die Leistungen in Höhe eines monatlichen Gesamtbetrages nach § 83 Absatz 1 erbracht.

(4) Hinterbliebene, die im Dezember 2024 ausschließlich Leistungen nach § 80 in Verbindung mit § 108 Absatz 2 Satz 1 Nummer 4 und 5 des Soldatenversorgungsgesetzes in der am 31. Dezember 2024 geltenden Fassung erhalten und deren Ansprüche vor dem 1. Januar 2025 unanfechtbar festgestellt worden sind, erhalten Geldleistungen nach § 43 Absatz 1 oder § 44. Führt die Anwendung des § 43 Absatz 1 oder des § 44 zu geringeren Leistungen, werden mindestens die Leistungen in Höhe eines monatlichen Gesamtbetrages nach § 83 Absatz 1 erbracht. Satz 1 gilt nicht für Waisen, die im Dezember 2024 Leistungen nach § 80 in Verbindung mit § 108 Absatz 1 des Soldatenversorgungsgesetzes in der am 31. Dezember 2024 geltenden Fassung in Verbindung mit § 45 Absatz 3 Satz 1 Buchstabe d des Bundesversorgungsgesetzes in der bis zum 31. Dezember 2023 geltenden Fassung erhalten.

§ 81 Leistungen der Heil- und Krankenbehandlung

(1) Personen, deren Anspruch auf Heilbehandlung nach § 80 des Soldatenversorgungsgesetzes in der am 31. Dezember 2024 geltenden Fassung in Verbindung mit § 10 Absatz 1 des Bundesversorgungsgesetzes in der bis zum 31. Dezember 2023 geltenden Fassung unanfechtbar festgestellt worden ist, erhalten ab dem 1. Januar 2025 Leistungen der medizinischen Versorgung nach Kapitel 3.

(2) Personen, deren Ansprüche auf einzelne Leistungen der Heil- oder Krankenbehandlung nach dem Soldatenversorgungsgesetz in der am 31. Dezember 2024 geltenden Fassung in Verbindung mit dem Bundesversorgungsgesetz in der bis zum 31. Dezember 2023 geltenden Fassung bis zum 31. Dezember 2024 unanfechtbar festgestellt worden sind, erhalten diese Leistungen in dem bewilligten Umfang weiter, längstens jedoch bis zum 31. Dezember 2025. Personen, deren Ansprüche auf einzelne Leistungen nach den §§ 82 und 83 des Soldatenversorgungsgesetzes in der am 31. Dezember 2024 geltenden Fassung in Verbindung mit dem Bundesversorgungsgesetz in der bis zum 31. Dezember 2023 geltenden Fassung bis zum 31. Dezember 2024 bestandskräftig festgestellt worden sind, erhalten diese Leistungen in dem bewilligten Umfang weiter, längstens jedoch bis zum 31. Dezember 2027. Eine Verlängerung über den Drei-Jahres-Zeitraum hinaus ist nicht zulässig. Dies gilt auch für Ansprüche auf einzelne Leistungen der Heil- oder Krankenbehandlung, die bis zum 31. Dezember 2024 beantragt, aber noch nicht bestandskräftig beschieden worden sind. Die Anpassung des Versorgungskrankengeldes nach § 83 Absatz 1 des Soldatenversorgungsgesetzes erfolgt nach § 70 des Neunten Buches Sozialgesetzbuch.

(3) Personen mit Wohnsitz im Inland, die bis zum 31. Dezember 2024 Heil- oder Krankenbehandlung für Nichtschädigungsfolgen nach § 80 des Soldatenversorgungsgesetzes in der am 31. Dezember 2024 geltenden Fassung in Verbindung mit § 10 Absatz 2 sowie 4 bis 6 des Bundesversorgungsgesetzes in der bis zum 31. Dezember 2023 geltenden Fassung erhalten, haben Anspruch auf Leistungen bei Krankheit durch die gesetzliche Krankenkasse nach dem Dritten Kapitel des Fünften Buches Sozialgesetzbuch. Die Leistungen werden ohne Kostenbeteiligung als Dienst- und Sachleistung zur Verfügung gestellt. Der Anspruch nach Satz 1 ruht für die Dauer einer Mitgliedschaft in der gesetzlichen Krankenversicherung. Personen, die Leistungen nach Satz 1 in Anspruch nehmen, haben die Berechtigung entsprechend § 15 Absatz 2 bis 6 des Fünften Buches Sozialgesetzbuch nachzuweisen. Personen mit Wohnsitz oder gewöhnlichem Aufenthalt im Ausland, die bis zum 31. Dezember 2024 Heil- oder Krankenbehandlung für Nichtschädigungsfolgen nach § 80 des Soldatenversorgungsgesetzes in der am 31. Dezember 2024 geltenden Fassung in Verbindung mit § 10 Absatz 2 sowie 4 bis 6 des Bundesversorgungsgesetzes in der bis zum 31. Dezember 2023 geltenden Fassung erhalten, haben Anspruch auf Leistungen bei Krankheit nach dem Dritten Kapitel des Fünften Buches Sozialgesetzbuch ohne Kostenbeteiligung durch die zuständige Behörde in entsprechender Anwendung des § 52.

(4) Die Leistung nach Absatz 3 Satz 1 wird von der entsprechend § 173 des Fünften Buches Sozialgesetzbuch gewählten Krankenkasse erbracht. § 175 Absatz 4 Satz 1 bis 5 des Fünften Buches Sozialgesetzbuch gilt entsprechend. Die Berechtigten erhalten von der gewählten Krankenkasse eine elektronische Gesundheitskarte nach § 291 des Fünften Buches Sozialgesetzbuch.

(5) Den Krankenkassen werden von der zuständigen Behörde nach § 70 Absatz 1 halbjährlich die Aufwendungen erstattet, die ihnen durch die Übernahme der Leistungen nach den Absätzen 2 und 3 entstehen. Als angemessene Verwaltungskosten werden ihnen von der zuständigen Behörde halbjährlich 5 Prozent des Erstattungsbetrags nach Satz 1 erstattet.

§ 82 Berufsschadensausgleich

Personen, die im Dezember 2024 Berufsschadensausgleich nach § 30 Absatz 3 bis 12 des Bundesversorgungsgesetzes in der bis zum 31. Dezember 2023 geltenden Fassung beziehen, erhalten weiterhin einen Betrag, der dem um 25 Prozent erhöhten Betrag des Berufsschadensausgleichs entspricht. Die Zahlung nach Satz 1 vermindert sich mit dem Erreichen der Regelaltersgrenze um 50 Prozent. Dies gilt nicht, wenn die Zahlung nach Satz 1 bereits wegen Erreichens der Regelaltersgrenze gemindert wurde. § 13 gilt entsprechend. Ein Anspruch auf Zahlung eines Erwerbsschadensausgleichs nach § 37 besteht nicht, wenn die Zahlung nach Satz 1 bezogen wird.

§ 83 Geldleistungen

(1) Personen, die im Dezember 2024 folgende einkommensunabhängige Geldleistungen beziehen, erhalten einen monatlichen Gesamtbetrag, der sich aus der Summe dieser Geldleistungen ergibt:

1. die Grundrente nach § 31 Absatz 1 Satz 1 des Bundesversorgungsgesetzes,
2. die Alterszulage nach § 31 Absatz 1 Satz 2 des Bundesversorgungsgesetzes,
3. die Schwerstbeschädigtenzulage nach § 31 Absatz 4 des Bundesversorgungsgesetzes,
4. die Leistungen nach den §§ 38, 40, 42, 43, 45 und 46 des Bundesversorgungsgesetzes,
5. der Pflegeausgleich nach § 40b des Bundesversorgungsgesetzes.

Ist eine Rente nach § 72 oder § 78a des Bundesversorgungsgesetzes in der bis zum 31. Dezember 2023 geltenden Fassung oder nach § 1 Absatz 1 der Rentenkapitalisierungsgesetz-KOV vom 27. April 1970 (BGBl. I S. 413) kapitalisiert, verringert sich der Betrag nach Satz 1 während des Abfindungszeitraums um den kapitalisierten Betrag.

(2) Personen, die im Dezember 2024 folgende einkommensabhängige Geldleistungen beziehen, erhalten einen monatlichen Gesamtbetrag, der sich aus der Summe dieser Geldleistungen ergibt:

1. die Ausgleichsrente nach den §§ 32, 34, 41 und 47 des Bundesversorgungsgesetzes,
2. der Ehegattenzuschlag nach § 33a des Bundesversorgungsgesetzes,
3. der Kinderzuschlag nach § 33b des Bundesversorgungsgesetzes,
4. der Schadensausgleich nach § 40a des Bundesversorgungsgesetzes sowie
5. die Elternrente nach den §§ 49 bis 52 des Bundesversorgungsgesetzes.

Der so errechnete Gesamtbetrag wird um 25 Prozent erhöht. Wird an eine Witwe oder einen Witwer die Leistung nach Satz 1 gewährt, besteht kein Anspruch auf eine zusätzliche Ausgleichszahlung nach § 43 Absatz 3.

(3) Personen, die im Dezember 2024 Witwen- oder Waisenbeihilfe nach § 48 des Bundesversorgungsgesetzes beziehen, erhalten ab dem 1. Januar 2025 monatlich 125 Prozent dieser Geldleistungen. § 80 Absatz 4 und § 85 gelten nicht.

(4) Bei der Berechnung der einkommensabhängigen Leistungen nach den Absätzen 2 und 3 bleiben Anrechnungen von einmaligen Leistungen unberücksichtigt. Bei der Feststellung der Geldleistungen nach den Absätzen 1 bis 3 bleiben Beträge unberücksichtigt, die nach § 65 des Bundesversorgungsgesetzes zum Ruhen der Versorgungsleistungen geführt haben.

(5) Die Ansprüche nach den Absätzen 1 bis 3 erlöschen

1. bei Witwen und Witwern durch Wiederverheiratung einer Witwe oder eines Witwers,
2. bei Waisen durch Wegfall der Voraussetzungen nach § 45 des Bundesversorgungsgesetzes.

(6) Der Betrag nach Absatz 2 verringert sich um

1. den Anteil des Ehegattenzuschlags nach § 33a des Bundesversorgungsgesetzes sowie
2. den Anteil des Kinderzuschlags nach § 33b des Bundesversorgungsgesetzes,

wenn die Anspruchsvoraussetzungen der Leistungen dem Grunde nach wegfallen. Der Betrag nach Absatz 2 verringert sich nicht, wenn die Voraussetzungen auf Grund einer Neufestsetzung des Grades der Schädigungsfolgen nach § 86 wegfallen.

(7) Die nach den Absätzen 1 bis 3 errechneten Beträge werden jährlich nach § 13 angepasst.

§ 84 Befristete oder auf Zeit erbrachte Leistungen

(1) Personen, die im Dezember 2024 eine befristete Geldleistung oder eine befristete Sachleistung nach dem Soldatenversorgungsgesetz in Verbindung mit dem Bundesversorgungsgesetz erhalten haben oder denen eine solche Leistung nach dem 1. Januar 2025 bewilligt worden ist, erhalten diese Leistungen längstens bis zum 31. Dezember 2033 weiter, wenn

1. sie binnen zwei Wochen nach Ablauf der Befristung die Weiterbewilligung der Leistung beantragen und
2. die Voraussetzungen, die nach dem Soldatenversorgungsgesetz in Verbindung mit dem Bundesversorgungsgesetz gegolten haben, weiterhin vorliegen.

(2) Leistungen nach Absatz 1 sind insbesondere folgende Leistungen nach dem Bundesversorgungsgesetz in der am 31. Dezember 2023 geltenden Fassung:

1. Hilfe zur Pflege nach § 26c des Bundesversorgungsgesetzes,
2. Leistungen zur Weiterführung des Haushalts nach § 26d des Bundesversorgungsgesetzes für Hinterbliebene,
3. Erziehungsbeihilfe nach § 27 des Bundesversorgungsgesetzes,

4. Ergänzende Hilfe zum Lebensunterhalt nach § 27a des Bundesversorgungsgesetzes sowie
5. Eingliederungshilfe für Menschen mit Behinderungen nach § 27d Absatz 1 Nummer 3 des Bundesversorgungsgesetzes.

(3) Soweit die Weiterbewilligung der Leistung für Zeiten ab dem 1. Januar 2025 beantragt wird, richtet sich der Einsatz von Einkommen und Vermögen nach dem Bundesversorgungsgesetz und nach der Verordnung zur Kriegsopferfürsorge jeweils in der am 31. Dezember 2023 geltenden Fassung. Soweit es für die berechtigte Person günstiger ist, richtet sich der Einsatz von Einkommen und Vermögen mit der Maßgabe nach Satz 1, dass

1. an die Stelle der Einkommensgrenze nach § 25e Absatz 1 des Bundesversorgungsgesetzes in der am 31. Dezember 2023 geltenden Fassung die Einkommensgrenze nach § 107 Absatz 1 des Vierzehnten Buches Sozialgesetzbuch tritt,
2. an die Stelle des Grundbetrags nach § 26c Absatz 5 Satz 1 Nummer 1 des Bundesversorgungsgesetzes in der am 31. Dezember 2023 geltenden Fassung ein Betrag in Höhe des Vierfachen der Regelbedarfsstufe 1 nach der Anlage zu § 28 des Zwölften Buches Sozialgesetzbuch tritt,
3. an die Stelle des Grundbetrags nach § 26c Absatz 5 Satz 1 Nummer 2 des Bundesversorgungsgesetzes in der am 31. Dezember 2023 geltenden Fassung ein Betrag in Höhe des Achtfachen der Regelbedarfsstufe 1 nach der Anlage zu § 28 des Zwölften Buches Sozialgesetzbuch tritt,
4. an die Stelle der Einkommensfreibeträge nach der Verordnung zur Kriegsopferfürsorge in der am 31. Dezember 2023 geltenden Fassung die Einkommensfreibeträge der Verordnung nach § 109 des Vierzehnten Buches Sozialgesetzbuch treten und
5. bei der Ermittlung der Vermögensschonbeträge nach § 25f des Bundesversorgungsgesetzes in der am 31. Dezember 2023 geltenden Fassung anstelle des Betrages von
   a) 40 Prozent des Bemessungsbetrages ein Betrag in Höhe des 40-Fachen der Regelbedarfsstufe 1 nach der Anlage zu § 28 des Zwölften Buches Sozialgesetzbuch zugrunde gelegt wird,
   b) 35 Prozent des Bemessungsbetrages ein Betrag in Höhe des 35-Fachen der Regelbedarfsstufe 1 nach der Anlage zu § 28 des Zwölften Buches Sozialgesetzbuch zugrunde gelegt wird,
   c) 20 Prozent des Bemessungsbetrages ein Betrag in Höhe des 20-Fachen der Regelbedarfsstufe 1 nach der Anlage zu § 28 des Zwölften Buches Sozialgesetzbuch zugrunde gelegt wird und
   d) 2 Prozent des Bemessungsbetrages ein Betrag in Höhe des Zweifachen der Regelbedarfsstufe 1 nach der Anlage zu § 28 des Zwölften Buches Sozialgesetzbuch zugrunde gelegt wird.

(4) Für den Einsatz von Einkommen und Vermögen bei der Erbringung der Leistungen der Eingliederungshilfe für Menschen mit Behinderungen nach Absatz 2 Nummer 5 gilt § 27d Absatz 5 des Bundesversorgungsgesetzes in der am 31. Dezember 2023 geltenden Fassung.

§ 85 Wahlrecht

(1) Personen, deren Ansprüche nach dem Soldatenversorgungsgesetz in Verbindung mit dem Bundesversorgungsgesetz in der bis zum 31. Dezember 2023 geltenden Fassung vor dem 1. Januar 2025 unanfechtbar festgestellt worden sind und die nicht unter den Anwendungsbereich des § 80 Absatz 3 oder 4 fallen, können anstelle der Leistungen nach § 83 Absatz 1 und 2 Geldleistungen nach den §§ 11 und 43 Absatz 1 und 2 sowie nach § 44 oder § 45 erhalten. Bei geschädigten Personen gelten die bisher anerkannten Schädigungsfolgen sowie die Bemessung des Grades der Schädigungsfolgen für die Entscheidung über die Leistungen als rechtsverbindlich festgestellt.

(2) Das Wahlrecht ist innerhalb von zwölf Monaten nach Inkrafttreten dieses Gesetzes auszuüben, spätestens jedoch sechs Monate nach der Bestandskraft der letzten nach § 80 Absatz 2 ergangenen Entscheidung. Die Wahlentscheidung wirkt zurück auf den 1. Januar 2025. Bereits erbrachte Leistungen nach § 83 werden angerechnet. Die Wahlentscheidung ist unwiderruflich, bedarf der Schriftform und ist gegenüber der zuständigen Behörde zu erklären.

§ 86 Neufeststellung

(1) Die Neufeststellung der Anspruchsberechtigung und des Grades der Schädigungsfolgen erfolgt auf Antrag und richtet sich nach diesem Gesetz. Eine Neufeststellung kann auch von Amts wegen erfolgen.

(2) Wäre nach Durchführung des Verfahrens nach Absatz 1 die Geldleistung nach § 83 Absatz 1 Nummer 1 zu erhöhen oder zu mindern, wird der Betrag nach § 83 Absatz 1 für jeden Zehnergrad der Änderung des Grades der Schädigungsfolgen um den entsprechenden Anteil erhöht oder gemindert.

(3) Werden bei einer Neufeststellung von Pflegeleistungen auf Grund der Rechtsänderung in § 17 keine oder geringere Geldleistungen festgestellt, so werden mindestens die vor der Neufeststellung bezogenen Geldleistungen nach den Vorschriften des Soldatenversorgungsgesetzes in der am 31. Dezember 2024 geltenden Fassung in Verbindung mit dem Bundesversorgungsgesetz in der bis zum 31. Dezember 2023 geltenden Fassung weiter erbracht. Dies gilt nicht für den Fall, dass keine oder geringere Pflegeleistungen festgestellt werden, weil bei der zu pflegenden Person tatsächliche Änderungen eingetreten sind.

§ 87 Anrechnungsvorschrift

Die Geldleistung nach § 83 bleibt bei anderen Sozialleistungen und bei den Leistungen nach dem Asylbewerberleistungsgesetz als Einkommen unberücksichtigt, soweit sie den Betrag von 1165 Euro nicht überschreitet. § 13 gilt entsprechend.

§ 88 Pflegeausgleich

Witwen und Witwer erhalten einen monatlichen Pflegeausgleich, wenn

1. die geschädigte Person schädigungsbedingt pflegebedürftig war,
2. sie die geschädigte Person während ihrer Ehe bereits vor dem 1. Januar 2025 gepflegt haben,
3. die Pflegezeit insgesamt mehr als zehn Jahre betragen hat und

4. sie nicht eine monatliche Geldleistung nach § 83 Absatz 1 erhalten, in der eine Geldleistung nach § 83 Absatz 1 Satz 1 Nummer 5 enthalten ist.

Der monatliche Pflegeausgleich beträgt für jedes Jahr der über zehn Jahre hinausgehenden Pflegezeit 20 Euro. Kalendermonate, in denen die Pflege nicht unentgeltlich geleistet wurde, werden dabei nicht mitgezählt. Die anzurechnende Gesamtpflegezeit wird auf volle Jahre aufgerundet.

§ 89 Ausgleichszahlung für Witwen und Witwer bei nicht schädigungsbedingtem Tod

(1) Witwen und Witwer einer nicht schädigungsbedingt verstorbenen geschädigten Person erhalten eine monatliche Ausgleichszahlung, wenn

1. die Schädigung bereits vor dem 1. Januar 2025 eingetreten ist,
2. die Ehe bereits vor dem 1. Januar 2025 bestand,
3. die Witwe oder der Witwer keine monatliche Geldleistung nach § 83 Absatz 3 erhält und
4. die geschädigte Person Anspruch hatte
   a) im Zeitpunkt ihres Todes
      aa) auf eine Leistung nach § 83 Absatz 1 oder § 11 Absatz 1, der ein Grad der Schädigungsfolgen von 100 zu Grunde liegt, oder
      bb) auf Pflegegeld nach § 17 oder
   b) mindestens fünf Jahre auf Berufsschadensausgleich nach § 80 des Soldatenversorgungsgesetzes in der am 31. Dezember 2024 geltenden Fassung in Verbindung mit § 30 des Bundesversorgungsgesetzes in der am 31. Dezember 2023 geltenden Fassung oder nach § 82.

(2) Die monatliche Ausgleichszahlung beträgt

1. für Witwen und Witwer von geschädigten Personen mit einem Grad der Schädigungsfolgen von unter 100: 500 Euro,
2. für Witwen und Witwer von geschädigten Personen mit einem Grad der Schädigungsfolgen von 100: 750 Euro.

(3) Berechtigte nach Absatz 1 erhalten auf Antrag anstelle der monatlichen Ausgleichszahlung eine einmalige Abfindung. Der Antrag ist innerhalb eines Jahres nach Bewilligung der Ausgleichszahlung zu stellen.

(4) Die Abfindung beträgt

1. bei einem Anspruch auf die monatliche Ausgleichszahlung nach Absatz 2 Nummer 1: 60 000 Euro,
2. bei einem Anspruch auf die monatliche Ausgleichszahlung nach Absatz 2 Nummer 2: 90 000 Euro.

(5) Auf die Abfindung sind bereits geleistete monatliche Ausgleichszahlungen anzurechnen. Mit der Zahlung der Abfindung sind alle Ansprüche auf die monatlichen Ausgleichszahlungen bei nicht schädigungsbedingtem Tod abgegolten.

16. FAQ

16. FAQ

16.1 Überblick

Um die wichtigsten Regelungen des SEGverständlich darzustellen, beantwortet dieser Abschnitt häufig gestellte Fragen. Die Themenbereiche reichen von allgemeinen Informationen über die Anspruchsberechtigung bis hin zu spezifischen Leistungen und Verfahren. Jede Antwort basiert auf den jeweils einschlägigen gesetzlichen Bestimmungen. Zur einfachen Handhabung wird jeweils auf die entsprechenden Kapitel im Ratgeber verwiesen, um eine einfache Orientierung und einen schnellen Zugang zu weitergehenden Informationen zu gewährleisten.

Hier sind 50 Fragen und Antworten, die ausschließlich auf den Angaben des Ratgebers basieren. Jede Frage enthält einen Hinweis auf das entsprechende Kapitel im Dokument.

16.2 Allgemeines zum SEG

1. Was ist das Ziel des SEG?

Das SEG zielt darauf ab, gesundheitliche und finanzielle Folgen von Wehrdienstbeschädigungen für Soldatinnen und Soldaten und Hinterbliebene abzumildern (siehe Kapitel 2).

2. Ab wann gilt das SEG?

Das SEG trat am 1.1.2025 in Kraft (siehe Kapitel 2.1).

3. Welche Personengruppen profitieren vom SEG?

Aktive Soldatinnen und Soldaten, Reservistendienst Leistende und deren Hinterbliebene, sofern ein direkter Zusammenhang zwischen Schädigung und Wehrdienst besteht (siehe Kapitel 2.1).

4. Welche Gesundheitsrisiken deckt das SEG ab?

Das SEG deckt körperliche und psychische Schäden, wie Verletzungen durch Unfälle und Erkrankungen wie PTBS, ab (siehe Kapitel 2.2).

5. Warum ist das SEG notwendig?

Weil Soldatinnen und Soldaten besonderen Risiken ausgesetzt sind, die über die üblichen Gefährdungen in zivilen Berufen hinausgehen (siehe Kapitel 2.4).

16.3 Anspruchsberechtigte und Anwendungsbereich

6. Wer ist anspruchsberechtigt nach dem SEG?

Anspruchsberechtigt sind aktive Soldatinnen und Soldaten, Reservistendienst Leistende während Wehrübungen und Hinterbliebene im Falle eines dienstbedingten Todesfalls (siehe Kapitel 2.1).

7. Gelten die Ansprüche auch für ehemalige Soldatinnen und Soldaten?

Ja, wenn die Schäden nachweislich während des Wehrdienstes entstanden sind (siehe Kapitel 2.1).

8. Welche Arten von Schäden sind im SEG erfasst?

Das SEG umfasst körperliche Verletzungen und psychische Erkrankungen, die im Rahmen des Wehrdienstes entstanden sind (siehe Kapitel 3.1).

9. Ab wann können Ansprüche nach dem SEG geltend gemacht werden?

Für Schäden, die ab dem 1.1.2025 entstanden sind, gelten die Regelungen des SEG (siehe Kapitel 2.3).

10. Was regelt das SEG zusätzlich zur gesundheitlichen Entschädigung?

Es stellt sicher, dass Hinterbliebene im Falle des Todes einer Soldatin oder eines Soldaten versorgt werden (siehe Kapitel 5).

16.4 Wehrdienstbeschädigung und Gesundheitsstörungen

11. Was ist eine Wehrdienstbeschädigung?

Eine Wehrdienstbeschädigung umfasst Schäden, die durch dienstliche Tätigkeiten oder dienstbedingte Gefährdungen entstanden sind (siehe Kapitel 3.1).

12. Was versteht man unter primären und sekundären Gesundheitsstörungen?

Primäre Gesundheitsstörungen treten unmittelbar nach einem Ereignis auf, sekundäre entwickeln sich aus den primären (siehe Kapitel 3.2).

13. Welche Ereignisse können Wehrdienstbeschädigungen verursachen?

Unfälle im Dienst, Kampfhandlungen, Auslandseinsätze oder schädigende Verhältnisse während des Wehrdienstes (siehe Kapitel 3.1).

14. Werden Langzeitfolgen als Wehrdienstbeschädigungen anerkannt?

Ja, auch Schäden, die sich erst nach dem Wehrdienst manifestieren, können berücksichtigt werden (siehe Kapitel 2.3).

15. Welche Beispiele gibt es für psychische Schäden?

PTBS, Angststörungen und Depressionen, die durch traumatische Erlebnisse im Dienst ausgelöst wurden (siehe Kapitel 2.2).

16.5 Leistungen für Soldatinnen und Soldaten

16. Welche Leistungen gibt es für gesundheitliche Schäden?

Finanziellen Ausgleich, medizinische Versorgung, LTA und Soziale Teilhabe (siehe Kapitel 4).

17. Wie hoch sind die monatlichen Ausgleichszahlungen?

Die Höhe richtet sich nach dem Grad der Schädigungsfolgen (GdS) und beginnt bei 418 Euro für einen GdS von 30 bis 40 (siehe Kapitel 4.1.2).

18. Was sind Leistungen zur Teilhabe am Arbeitsleben?

Dazu zählen berufliche Rehabilitation, Umschulungen und Hilfen zur Arbeitsplatzsicherung (siehe Kapitel 4.4).

19. Wer hat Anspruch auf Krankengeld nach dem SEG?

Geschädigte Personen, die aufgrund ihrer Wehrdienstbeschädigung arbeitsunfähig sind (siehe Kapitel 4.2.1).

20. Wie lange wird Krankengeld gezahlt?

Maximal 78 Wochen, sofern keine andere Leistung wie Altersrente bezogen wird (siehe Kapitel 4.2.3).

16.6 Hinterbliebenenversorgung

21. Welche Leistungen erhalten Witwen und Witwer?

Sie erhalten Ausgleichszahlungen, die sich an der Schädigung der oder des Verstorbenen orientieren (siehe Kapitel 5.1).

22. Haben auch Waisen Anspruch auf Leistungen?

Ja, Waisenkinder erhalten finanzielle Unterstützung bis zu einem bestimmten Alter (siehe Kapitel 5.2).

23. Was umfasst das Sterbegeld?

Sterbegeld deckt die Bestattungskosten und wird als einmalige Leistung erbracht (siehe Kapitel 5.7).

24. Sind Partnerinnen und Partner in Lebensgemeinschaften abgesichert?

Ja, wenn sie nachweislich finanziell auf die Verstorbene oder den Verstorbenen angewiesen waren (siehe Kapitel 5.8).

25. Welche psychotherapeutischen Leistungen gibt es für Hinterbliebene?

Die Kosten für psychotherapeutische Behandlungen können erstattet werden, wenn sie aufgrund des Verlustes erforderlich sind (siehe Kapitel 5.9).

16.7 Verfahren zur Geltendmachung von Ansprüchen

26. Wie stelle ich einen Antrag auf Leistungen?

Der Antrag muss bei der Bundeswehrverwaltung eingereicht werden (siehe Kapitel 11.1).

27. Welche Beweisanforderungen gelten?

Es gelten entweder der Vollbeweis, die Wahrscheinlichkeit oder Beweiserleichterungen, je nach Art des Schadens (siehe Kapitel 11.2).

28. Was passiert bei vorläufiger Leistungsbewilligung?

Die Leistungen werden vorläufig gezahlt, bis eine abschließende Prüfung erfolgt ist (siehe Kapitel 11.4).

29. Wann ruhen Ansprüche?

Ansprüche ruhen, wenn die oder der Betroffene andere Leistungen erhält, die dem gleichen Zweck dienen (siehe Kapitel 11.6).

30. Sind SEG-Leistungen pfändbar?

Nein, SEG-Leistungen sind grundsätzlich unpfändbar (siehe Kapitel 11.7).

16.8 Übergangsregelungen

31. Was passiert mit laufenden Anträgen zum 31.12.2024?

Diese können nach den neuen Regelungen des SEG entschieden werden (siehe Kapitel 13.1).

32. Können Leistungen des SEG rückwirkend beantragt werden?

Ja, wenn die Schäden während des Wehrdienstes eingetreten sind (siehe Kapitel 2.3).

33. Gibt es ein Wahlrecht zwischen alten und neuen Regelungen?

Ja, Betroffene können unter bestimmten Bedingungen zwischen SEG und SVG wählen (siehe Kapitel 13.3).

34. Welche Fristen gelten für Übergangsregelungen?

Die Fristen richten sich nach den spezifischen Umständen des Einzelfalls (siehe Kapitel 13).

35. Werden bereits entschiedene Fälle angepasst?

Nein, abgeschlossene Verfahren bleiben unberührt (siehe Kapitel 13.2).

16.9 Rechtsschutz

36. Was kann ich tun, wenn mein Antrag abgelehnt wird?

Ein Widerspruch kann schriftlich bei der zuständigen Behörde eingelegt werden (siehe Kapitel 14.1.1).

37. Wie lange habe ich Zeit, Widerspruch einzulegen?

Die Frist beträgt in der Regel einen Monat ab Zustellung des Bescheids (siehe Kapitel 14.1.1).

38. Kann ich Klage erheben, wenn der Widerspruch abgelehnt wird?

Ja, eine Klage kann beim Sozialgericht eingereicht werden (siehe Kapitel 14.2).

39. Welche Kosten entstehen bei einer Klage?

In der Regel fallen keine Gerichtskosten an, es sei denn, es handelt sich um ein Ausnahmeverfahren (siehe Kapitel 14.2.5).

40. Was ist eine Untätigkeitsklage?

Eine Untätigkeitsklage kann eingereicht werden, wenn die Behörde nicht innerhalb einer angemessenen Frist entscheidet (siehe Kapitel 14.3).

16.10 Praxis

41. Wie wichtig ist der Durchgangsarzt?

Der Durchgangsarzt dokumentiert die Schäden und koordiniert die Behandlung (siehe Kapitel 12.2).

42. Muss ich Heilbehandlungen beantragen?

Nein, sie erfolgen in der Regel automatisch, außer bei bestimmten Leistungen wie Psychotherapie (siehe Kapitel 12.2.1 und 12.2.2).

43. Kann ich Akteneinsicht beantragen?

Ja, Betroffene haben das Recht, Einsicht in ihre Unterlagen zu nehmen (siehe Kapitel 12.3).

44. Wie wird der GdB ermittelt?

Durch eine juristische und medizinische Einschätzung auf Basis der VersMedV (siehe Kapitel 12.4).

45. Was ist das Sachleistungsprinzip?

Es bedeutet, dass Leistungen direkt durch den Versorgungsträger erbracht werden, ohne Vorleistung durch den Betroffenen (siehe Kapitel 4.3.1).

46. Wann besteht Anspruch auf Kostenerstattung?

Bei unaufschiebbaren medizinischen Leistungen, die nicht rechtzeitig durch das System erbracht wurden (siehe Kapitel 4.3.2).

47. Werden Leistungen im Ausland erbracht?

Ja, jedoch abhängig von den Umständen und bis zur Höhe der Inlandskosten (siehe Kapitel 6.1).

48. Wie lange dauert die Bearbeitung eines Antrags?

Die Dauer hängt von der Komplexität des Falls ab; bei Verzögerung kann eine Untätigkeitsklage helfen (siehe Kapitel 14.3).

49. Gibt es Muster für Anträge oder Klagen?

Ja, der Ratgeber enthält Vorlagen für verschiedene Anträge und Klagen (siehe Kapitel 14).

50. Kann ich mich von einem Anwalt vertreten lassen?

Ja, dies ist in jedem Verfahrensstadium möglich und oft hilfreich (siehe Kapitel 14.1.1).

17. Übersichten

17

17. Übersichten

17.1 Die wichtigsten Leistungen

Die nachfolgende Tabelle bietet einen schnellen Überblick über die wichtigsten Leistungen des SEG in alphabetischer Reihenfolge, deren Voraussetzungen, Höhe und Umfang sowie das Kapitel im Ratgeber, in dem nähere Informationen zu finden sind.

Leistungsart	Beschreibung	Anspruchsvoraussetzungen	Höhe/ Umfang	Fundstelle
Abfindung	Einmalige Zahlung statt monatlicher Ausgleichszahlungen für fünf Jahre.	GdS ab 30 und keine wesentliche Änderung des GdS erwartet.	60-Faches der monatlichen Entschädigung (z. B. GdS 100: 125.460 €).	Kapitel 4.1.2
Ausgleichszahlungen (monatlich)	Finanzielle Entschädigung für gesundheitliche Schädigungsfolgen.	Grad der Schädigungsfolgen (GdS) ab 30.	Ab 418 € (GdS 30 bis 40) bis 2.091 € (GdS 100).	Kapitel 4.1.1
Eingliederungshilfe	Förderung der selbstbestimmten Lebensführung.	Anerkannte Schädigungsfolgen mit Teilhabebeeinträchtigung.	Individuell angepasste Sach-, Geld- oder Dienstleistungen.	Kapitel 4.5.1
Erwerbsschadensausgleich	Ausgleich von Einkommensverlusten durch anerkannte Schädigungen.	GdS ab 30, keine erfolgversprechenden Rehamaßnahmen.	Differenz zwischen Referenzeinkommen und tatsächlichem Einkommen, max. 6.402 € netto/ Monat.	Kapitel 4.6

Leistungsart	Beschreibung	Anspruchsvoraussetzungen	Höhe/ Umfang	Fundstelle
Härtefallausgleich	Sonderleistungen bei außergewöhnlicher sozialer Härte.	Besondere Umstände, z. B. existenzielle Notlagen.	Individuelle Entscheidung, abhängig vom Einzelfall.	Kapitel 10
Krankengeld	Ersatz des entgangenen Arbeitsentgelts bei Arbeitsunfähigkeit durch Schädigungsfolgen.	Arbeitsunfähigkeit aufgrund einer anerkannten Schädigung.	80 % des regelmäßigen Entgelts, max. bis zur Beitragsbemessungsgrenze (8.050 €/ Monat in 2025).	Kapitel 4.2
Kosten für Auslandsbehandlung	Erstattung medizinischer Kosten im Ausland bei anerkannten Schädigungen.	Anerkannte Schädigungsfolgen, medizinische Notwendigkeit.	Kosten bis zur Höhe der in Deutschland entstehenden Aufwendungen.	Kapitel 6
Leistungen für Partner in Lebensgemeinschaften	Unterstützung für Partnerinnen und Partner einer verfestigten Lebensgemeinschaft.	Nachweis der finanziellen Abhängigkeit von der oder dem Verstorbenen.	Individuelle Berechnung je nach Bedarf und Schädigungsgrad.	Kapitel 5.8
Leistungen zur Sozialen Teilhabe	Unterstützung bei der Integration in das soziale Leben.	Notwendigkeit durch Schädigungsfolgen.	Wohnungshilfe, Reisekosten, Haushaltshilfe, Kinderbetreuung.	Kapitel 4.5

Leistungsart	Beschreibung	Anspruchsvoraussetzungen	Höhe/ Umfang	Fundstelle
Leistungen zur Teilhabe am Arbeitsleben	Unterstützung bei der beruflichen Wiedereingliederung.	Notwendigkeit durch Schädigungsfolgen.	Berufliche Rehabilitation, Umschulung, Mobilitätshilfen.	Kapitel 4.4
Medizinische Versorgung	Heilbehandlungen und Rehabilitation für anerkannte Schädigungsfolgen.	Anerkennung der Schädigungsfolgen.	Sachleistungsprinzip: kostenlose Behandlung und Hilfsmittel.	Kapitel 4.3
Sterbegeld	Einmalige Leistung zur Deckung von Bestattungskosten.	Tod infolge einer anerkannten Schädigung.	Höhe abhängig von den tatsächlichen Bestattungskosten.	Kapitel 5.7
Übergangsgeld	Lohnersatz während der Teilnahme an beruflichen Rehabilitationsmaßnahmen.	Teilnahme an beruflicher Reha wegen Schädigungsfolgen.	80 % des regelmäßigen Entgelts, max. bis zur Beitragsbemessungsgrenze.	Kapitel 4.4.2
Witwen- und Witwer-/ Waisenrente	Finanzielle Unterstützung für Hinterbliebene nach einem dienstbedingten Todesfall.	Tod infolge einer anerkannten Schädigung.	Höhe abhängig von der Schädigung der oder des Verstorbenen und bisherigen Leistungen.	Kapitel 13.2.5

17.2 Zeitliche Geltung

Die nachfolgende Tabelle sortiert die Übergangsregelungen alphabetisch nach den betroffenen Leistungen. Angegeben ist auch das Kapitel im Ratgeber, in dem nähere Informationen zu finden sind, um eine schnelle Orientierung zu ermöglichen.

Leistung/ Regelung	Beschreibung	Frist/ Übergangszeitraum	Fundstelle
Altanträge bis 31.12.2024	Anträge, die bis Ende 2024 gestellt, aber nicht entschieden wurden, werden nach dem SEG geprüft.	Anträge vor dem 31.12.2024 können nach den SEG-Regelungen bearbeitet werden.	Kapitel 13
Befristete Leistungen (z. B. Abfindung)	Befristete Leistungen nach SVG können unter SEG verlängert oder angepasst werden.	Gilt nur bis zur regulären Auslaufzeit oder einer Neuberechnung nach SEG-Bedingungen.	Kapitel 4.1.22
Berufsschadensausgleich	Laufende Leistungen werden auf SEG-Konditionen umgestellt, sofern das Wahlrecht genutzt wird.	Gilt nur für Leistungen, die auf Basis des Berufsschadensausgleichs bewilligt wurden.	Kapitel 13.2.2
Einkommensabhängige Leistungen	Einkommensabhängige Leistungen aus dem SVG gelten bis zur Neuberechnung nach dem SEG.	Übergangszeitraum bis zur endgültigen Feststellung nach dem SEG.	Kapitel 13.2.4
Entschiedene Altanträge bis 31.12.2024	Anträge, die bis Ende 2024 nach dem SVG entschieden wurden, bleiben bestehen.	Keine nachträgliche Änderung, es sei denn, der Betroffene wählt SEG-Leistungen (Wahlrecht).	Kapitel 1.2

17

Leistung/ Regelung	Beschreibung	Frist/ Übergangszeitraum	Fundstelle
Heil- und Krankenbehandlungen	Laufende Behandlungen nach SVG können unter SEG-Bedingungen weitergeführt werden.	Gilt nur für laufende Behandlungen, die ab 2025 fortgeführt werden.	Kapitel 13.2.1
Inkrafttreten des SEG	Das SEG ersetzt das SVG (SVG) für Ansprüche ab dem 1.1.2025.	Gilt ab dem 1.1.2025.	Kapitel 2.3
Hinterbliebenenversorgung	Ansprüche auf Witwen- und Witwer-/ Waisenrente bleiben unter SVG erhalten, können aber nach SEG umgestellt werden.	Keine Frist, Anpassung auf Antrag oder bei Wahlrecht möglich.	Kapitel 3.3
Rückwirkende Ansprüche	Schäden vor dem 1.1.2025 fallen unter das SVG, außer sie werden als Altanträge umgestellt.	Rückwirkend gelten Ansprüche nur bei rechtzeitiger Antragstellung bis zum 31.12.2024.	Kapitel 2.3, 14.5
Wahlrecht zwischen SVG und SEG	Betroffene können bei Altansprüchen zwischen den Regelungen des SVG und des SEG wählen.	Wahlrecht besteht bis zur endgültigen Entscheidung oder Neuberechnung des Anspruchs.	Kapitel 13.3

Leistung/ Regelung	Beschreibung	Frist/ Übergangszeitraum	Fundstelle
Überprüfung laufender Zahlungen	Laufende Leistungen können überprüft werden, um SEG-Ansprüche geltend zu machen.	Anpassung möglich, wenn Antrag oder Wahlrecht genutzt wird.	Kapitel 14.5